Beltz Taschenbuch 869

Über dieses Buch

Der Grundgedanke dieses Buches ist einfach und lautet: Ohne Sinne kein Verstand. Denn nachhaltiges Lernen funktioniert nur da, wo es sich auf konkrete – vor allem auf sinnliche – Erfahrungen stützen kann. Nur was wir erlebt und erfahren haben, wissen wir mit Gewissheit. Aber welche besonderen Erfahrungen und Erlebnisse sind es, die Kinder klug machen? Darauf antwortet das Buch mit einer Fülle von Beispielen für altersgerechte Spiele, Experimente, Aktivitäten, die alle Sinne ansprechen und den Verstand herausfordern. Die Autoren zeigen, wie Erwachsene mit wenig Mitteln elementare Lernerfahrungen von Kindern fördern und unterstützen können: Erfahrungen mit dem eigenen Körper, mit Raum, Zeit und Rhythmus, mit den Dingen und ihren Namen. Diese nämlich bilden die Grundlagen aller komplexeren Fähigkeiten und Fertigkeiten, wie Sprechen, Schreiben, Lesen und das Verständnis mathematischer Zusammenhänge. Viele traditionelle Kinderspiele und Spiele mit Kindern erscheinen vor diesem Hintergrund in einem völlig neuen Licht.

Die Beispiele sind sechs Erfahrungsfeldern zugeordnet. Am Anfang stehen grundlegende Körpererfahrungen und die Auseinandersetzung mit Dingen und ihren Namen. Das nächste Erfahrungsfeld dient der Orientierung in Raum und in der Zeit. Es folgen Experimentieren und Staunen, zu guter Letzt sind Kreativität und Findigkeit gefragt: Die Erfinderwerkstatt stellt Kinder vor anspruchsvolle, aber lösbare Aufgaben.

Für Eltern und Erzieher und Kinder ab drei Jahren.

Die Autoren

Dr. Hermann Krekeler war lange Zeit Redakteur bei der Zeitschrift »Spielen und Lernen«. Im Ravensburger Buchverlag hat er zahlreiche Bücher veröffentlicht, u.a. »Spannende Experimente«, »Tolle Experimente für Kinder« und »Experimente für alle Sinne«.
Gerswintha Kirstein arbeitet seit vielen Jahren mit Kindern im Schulkindergarten und Schulanfängern der neuen Eingangsphase. *Ihr Schwerpunkt:* Wahrnehmungsförderung. Sie ist Sozialpädagogin und Kinder- und Jugendlichengestalttherapeutin und ausgebildete Märchenerzählerin.

Hermann Krekeler | Gerswintha Kirstein

So werden Kinder klug

Die Sinne wecken den Verstand

Mit Illustrationen von Kathrin Krell

BELTZ
Taschenbuch

Besuchen Sie uns im Internet:
www.beltz.de

Beltz Taschenbuch 869

1 2 3 4 5 09 08 07 06 05

Umschlaggestaltung: [grafyx] visuelle kommunikation, Hamburg
Umschlagabbildung: © Hermann Krekeler
Layout und Satz: [grafyx] visuelle kommunikation, Hamburg
Druck und Bindung: Druckhaus Beltz, Hemsbach
Printed in Germany

ISBN 3 407 22869 4

Inhaltsverzeichnis

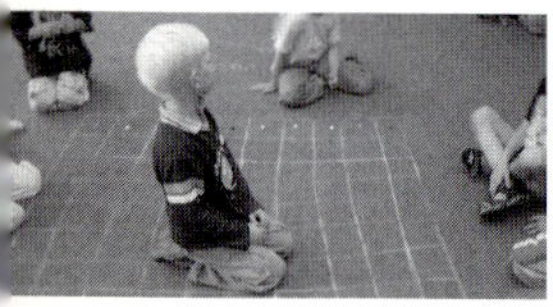

1) Ich im Raum

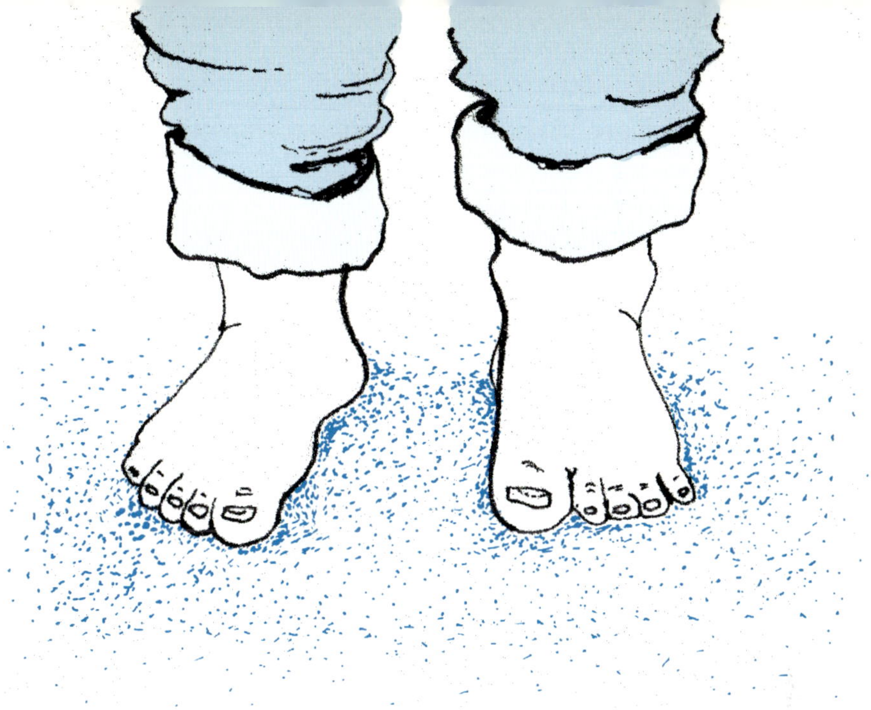

» Ich spiele im Garten. Die Sonne scheint und es ist warm. Ich ziehe meine Schuhe und Strümpfe aus. Der Sand in der Sandkiste fühlt sich ganz warm unter meinen Füßen an. Das Gras fühlt sich nass an. Hat es geregnet oder woher kommt es?

Ich gehe den Weg zwischen den Beeten entlang. Eigentlich darf ich das nicht, aber es ist so schön geordnet dort. Die Wege und Beete sind wie ein Muster. Meine Füße machen Spuren auf den geharkten Wegen und sie werden schwarz. Der Sand auf den Wegen ist ganz anders als der in der Sandkiste. Er ist dunkel und irgendwie dünner, feiner. Er macht meine Füße schwarz.

Bello kommt. Er will mit mir spielen und toben. Ich renne und Bello rennt auch. Mein Herz klopft schnell. Ich falle in etwas Grünes. Au, das tut weh. Es brennt an meinem Arm. Ich schreie und rufe Mama.

Mama kommt und tröstet mich. Sie nimmt mich in ihren Arm. Sie fragt: »Wo tut es dir weh?« Ich sage: »Mein Arm!« Sie fragt: »Welcher Arm ist es?« Ich strecke den Arm vor, der wehtut. Es sind kleine, rote Berge darauf, die brennen. Ich stecke den Daumen in den Mund, der an dem anderen Arm dran ist, der nicht wehtut. Das tut gut. Ein Arm tut weh, ein Arm tut nicht weh. Ich habe einen Arm und noch einen Arm. Mama macht eine Salbe auf die roten kleinen Berge auf meinem einen Arm. Sie sagt: »Du bist in die Brennnesseln gefallen.« «

1.1 Ich und mein Körper

Bevor ein kleines Kind sich an die Entdeckung seiner Umwelt macht, entdeckt es sich selber.

Ein Baby erlebt sich und seine Umwelt als Einheit. Erst langsam entdeckt es seinen Körper getrennt von dem Körper seiner Mutter und der Umwelt. Seine Vorstellungen sind diffus und ungenau.

Das Lutschen am Daumen z. B. lässt ein Baby zweierlei erfahren: Lutschen ist lustvoll und beruhigend und der Daumen gehört zu mir. Es spürt nicht nur das Lutschen im Mundraum, sondern es geht auch ein Gefühl über den Daumen, die Hand und den Arm bei ihm ein. Es kann den Arm so bewegen, dass er den Daumen zum Mund führt. Es kann über den Arm die Hand, die Finger und den Daumen bestimmen. Sie stehen ihm jederzeit zur Verfügung. Sie gehören zu ihm.

Babys und kleine Kinder sammeln Erfahrungen mit ihrem ganzen Körper und mit allen Sinnen. Der Körper ist das Medium, das wahrnimmt, das Empfindungen aufnimmt, in dem Gefühle und Gedanken entstehen. Der Kopf als Sitz des Gehirns ist dabei zuerst als Teil des Körpers zu verstehen.

Körpererfahrung, Gefühle und Gedanken sind Teile eines Ganzen. Der ganze Körper ist beteiligt, wenn Anna wütend ist. Sie schreit und brüllt, trampelt und ist ganz rot im Gesicht. Sie muss eine Weile schreien, weinen und trampeln, um so ihre Wut loszuwerden.

Adrian findet einen roten Gegenstand in seiner Nähe interessant. Er fixiert ihn mit den Augen und krabbelt darauf zu. Er befühlt ihn mit den Händen und steckt ihn in den Mund.

Das Aussehen reicht dem Kind nicht, um etwas über die Beschaffenheit des Gegenstandes zu wissen. Es hat ja noch kein Repertoire von Erfahrungen, auf die es zurückgreifen kann, wie wir Erwachsenen. Es muss die Dinge in aller Ausführlichkeit begreifen und mit möglichst vielen Sinnen erforschen. Eine angemessene Kenntnis vom eigenen Körper setzt sich aus verschiedenen Elementen zusammen. Diese Kenntnis erwirbt sich das Kind durch bewusstes Lernen, z. B. wenn es entdeckt, dass es zwei Beine hat, und die Körperfunktionen bewusst wahrnimmt. Es lernt seinen Körper im Umgang mit sich selbst kennen, braucht aber die hilfreiche Unterstützung seiner Bezugspersonen durch Berührung und Spiel. Dieser Begriff vom eigenen Körper erweitert sich zum *Körperimago*.

Daneben steht das *Körperschema*. Es ist unbewusst und reguliert die Lage der Muskeln und Körperteile zueinander und ändert sich von Augenblick zu Augenblick in Abhängigkeit von der Lage des Körpers. Dazu kommt die Koordination der Bewegungen des Körpers. Von ihr hängt das Fließen der Bewegungen ab. Bei allen Bewegungen wird eine gute Koordination sichtbar. Beim Treppensteigen, beim Halten eines Stiftes und bei einer Rolle vorwärts wird von einem Kind diese Körperkoordination verlangt. Sie braucht Übung, wenn sie rund und reibungslos laufen soll.

Gute Körpererfahrungen können Kinder als Grundlage für den Umgang mit Dingen nutzen.

Wenn wir ein kleines Kind beobachten, sehen wir, wie es immer wieder bestimmte Bewegungsabläufe übt, bis es sie sicher kann. Besonders eindrucksvoll ist das beim Laufen lernen zu beobachten. Das Kind zieht sich hoch, versucht ein paar Schritte, fällt hin und fängt wieder von vorn an. Eine gute Körperkoordination hilft dem Kind, sich auf andere Dinge zu konzentrieren.

Wenn es mit seinem Körper gut umgehen kann, hat es viele Dinge, die es bei der Erforschung der Umwelt braucht, schon an seinem eigenen Körper erfahren. Erfahrungen des Körpers werden an das Gehirn weitergegeben, das sie speichert. Die Erfahrungen, die das Kind mit seinem Körper sammelt und an sein Gehirn weitergibt, sind wichtige Grundlagen für seine ganze Entwicklung, unter anderem für sein späteres mathematisches Verständnis. Grenzen und Formen erfährt es zuerst am eigenen Körper. Es erfährt Seitigkeit, Symmetrie und Struktur. Je genauer es diese Dinge am eigenen Körper wahrnimmt, desto besser kann es sie auf andere Dinge übertragen.

Erfahrungen, die das Kind häufig macht, ergeben eine breite Straße zwischen den Erfahrungen des Körpers und der Verarbeitung im Gehirn. Es entsteht eine gute Verbindung.

Ein Beispiel: Anna schaukelt. Sie jauchzt jedes Mal, wenn die Schaukel den Höhepunkt erreicht und zurückschwingt. Ihr ganzer Körper spürt diesen einsetzenden Rückwärtsschwung. Später im Kindergarten macht sie mit den anderen Kindern Schwungübungen. Sie soll mit dem dicken, roten Wachser auf dem Papier wie auf einer Schaukel hin- und zurückschwingen. Die Erzieherin singt dazu: »Schaukel hin und schaukel her, großer Frosch und kleiner Bär.« Anna findet den Punkt leicht, an dem die Hand mit dem Stift zurückschwingen muss. Sie macht keine Kurve. Später kann sie ganz spitze Berge auf das Papier malen, die eine gute Vorübung für das Schreiben der 1 sind.

Zur Vertiefung der Körpererfahrung, der Entwicklung der Körperimago und der Körperkoordination gibt es viele Spiele. Sie sind oft so einfach, dass wir nicht vermuten, wie wichtig sie für Kinder sind. Sie sind nicht belehrend, sondern lustvoll, machen Spaß und leben von der Wiederholung.

Beispiel Kniereiterspiele

Wir nehmen das Kind auf den Schoß. Das Kind sitzt mit dem Gesicht zu uns gewandt. Wir brauchen viel Platz, um uns vor- und zurückschaukeln zu können und sprechen dabei.

»Schaukel hin und schaukel her, großer Frosch und kleiner Bär.«

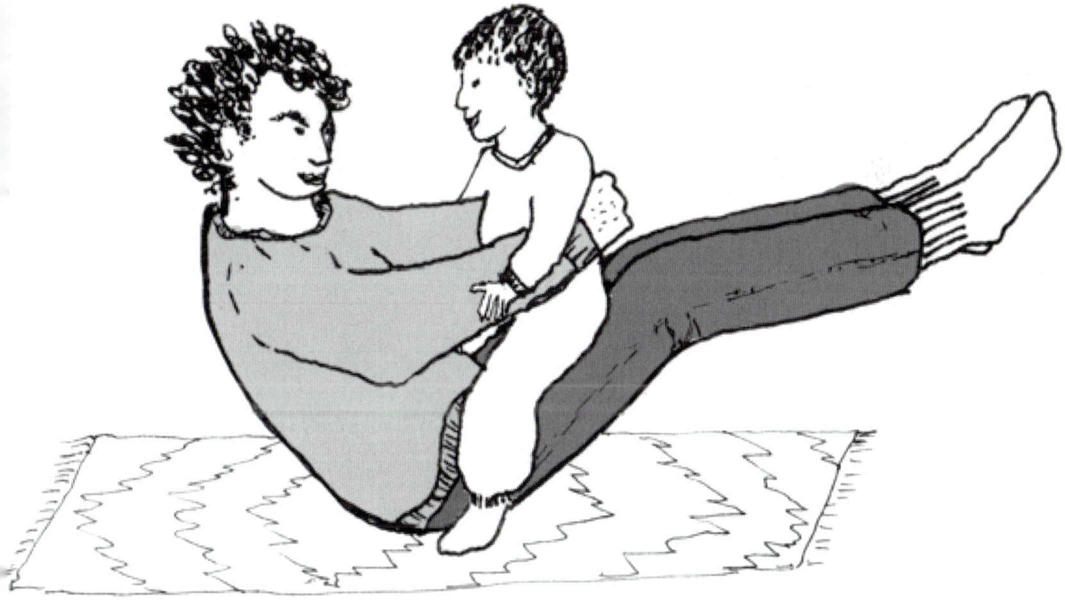

Kniereiterspiele sind Spiele zwischen Kindern und Erwachsenen, bei denen die Kinder auf den Knien des Erwachsenen sitzen, rhythmisch geschaukelt werden und ein Text dazu gesprochen oder gesungen wird.

BEISPIEL Lieder

Wir klopfen mit dem Zeigefinger und danach mit allen anderen Fingern auf die Stuhllehne oder die Tischkante und singen dazu.

Jetzt kommt der Zeigefinger dran… und jetzt ist Schluss.

Lieder helfen Kindern in spielerischer Form den Rhythmus in Bewegung umzusetzen und Erfahrungen mit dem eigenen Körper zu machen.

Wir stehen im Kreis. Bei »eins, zwei, drei, vier« wird zuerst ein Finger nach dem anderen aufgezeigt. »Hütchen auf« bedeutet die Hände zusammengelegt wie ein spitzes Hütchen auf den Kopf zu halten. »Und hab ich gar kein Hütchen mehr…« bedeutet die Hände vor dem Körper umeinander zu drehen. Zum Zählen bis vier können wir noch viele andere Körperteile benutzen.

Eins, zwei, drei, vier Hütchen auf… Eins, zwei, drei, vier Hütchen aus Papier.

Beispiel Umrisse malen

Ein Kind legt sich auf das Papier. Ein anderes Kind oder der Erwachsene malt die Umrisse des Kindes. So entsteht der Körperumriss. Wir können ihn entsprechend der Kleidung des Kindes anmalen. Das Gesicht bekommt Augen, Nase, Mund, Ohren und Haare. Ohrringe oder eine Brille malen wir natürlich auch.

Wir brauchen
- Papier von der Rolle (Makulatur, Packpapier oder Tapete)
- Wachsstifte

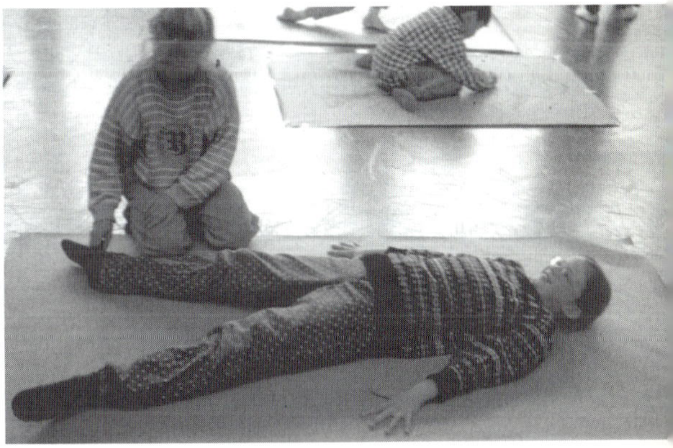

Beispiel Selbstporträt

Wir geben dem Kind die Aufgabe, sich im Spiegel zu betrachten. Dann soll es sein Gesicht und den ganzen Körper mit allen seinen persönlichen Eigenheiten (Augenfarbe, Haarfarbe, Ohrring, Brille, Kleidung) malen. *Variation:* Wir malen einander.

Wir brauchen
- Papier
- dicke Buntstifte

BEISPIEL Gesichter und Figuren vervollständigen

Wir zeichnen auf ein Blatt Papier halbe Gesichter oder menschliche Figuren, denen etwas fehlt. Das müssen keine wunderbaren, perfekten Zeichnungen sein.
Selbst Erwachsene, die sonst von sich behaupten, sie könnten nicht zeichnen, werden damit zurechtkommen. Das Kind benennt dann, was fehlt, und ergänzt das Gesicht oder die fehlenden Körperteile.

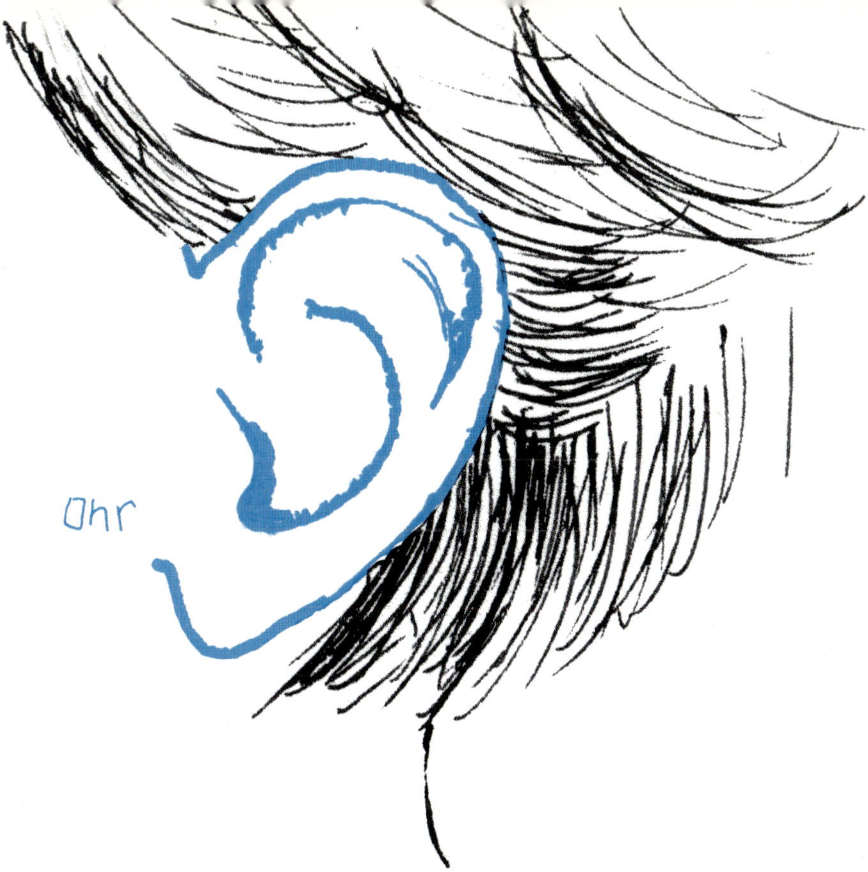

» Ich sitze bei Mama. Wir spielen. Sie zeigt auf meine Nase und sagt: »Nase.« Ich sage auch: »Nasen«. Sie fasst meine Ohren an und sagt: »Ohren«. Ich sage auch: »Ohren.« Sie kitzelt meine Füße und sagt: »Füße.« Ich sage: »Füße.« Sie zeigt und sagt noch viele Namen. Sie weiß alle Namen von mir. Manche habe ich noch nie gehört. Sie sind schwer. Ich kann sie bei mir nicht sehen. Ich kann sie bei mir nur anfassen und fühlen. Bei Mama kann ich sie sehen. Sie sagt: »Augenbraue.« Das ist schwer, hört sich aber gut an.

Heute haben wir im Kindergarten ein Lied gesungen: »Meine Hände sind verschwunden.« Jeder durfte vom Körper sagen, was verschwinden soll. Das haben wir dann gesungen. Ich habe ganz viele Dinge vom Körper gewusst. «

1.2 Ich lerne alle Namen

Um mit den Lebewesen und den Dingen in der Welt richtig umgehen zu können, muss das Kind die »Namen« wissen. Es muss seinen Körper und die Umwelt mit den richtigen Begriffen belegen können.

Am eigenen Leib gibt es so viel zu entdecken. Die Körperteile, die das Kind sieht und häufig braucht, kann es schnell benennen. Von den Teilen, die es nur im Spiegel sehen und sonst nur fühlen kann, lernt es die Namen nicht so schnell. Eltern können ihr Kind beim Lernen gut unterstützen. Spiele, die den eigenen Körper bewusst machen oder die die Dinge in der Umwelt des Kindes benennen, sind dabei eine große Hilfe.

Eltern sollten ihrem Kind das Gefühl geben, dass sie es verstehen, wenn es sich mitteilen will, und seine Bemühungen anerkennen, ohne in eine Babysprache zu verfallen.

Den Alltag sprechend zu begleiten ist ein guter Ansatz. »Wir gehen jetzt spazieren« oder »Sieh mal, da kommt ein Auto.« veranschaulichen dem Kind Situationen, Vorgänge und Tätigkeiten. Immer wieder angewendet helfen sie dem Kind, die Umwelt sprachlich zu erobern. Sprach- und Denkprozesse hängen eng miteinander zusammen. Indem die Kinder ihren Körper und ihre Umwelt mit Namen belegen, machen sie sich noch auf eine andere Weise als durch unmittelbares Handeln verfügbar. Eine Form der Abstraktion hat begonnen.

Abstraktion bedeutet Vorgang des Abstrahierens, Begriffsbildung, Verallgemeinerung.

Der Weg, dem eigenen Körper und den Dingen in der Umwelt einen Namen zu geben, ist mühsam, aber spannend. »Wauwau«, sagt die kleine Anna auf dem Arm der Mutter, als sie einen Hund sieht. Sie gibt ihm noch den Namen, den sie als Laut von ihm hört. Die Mutter wiederholt: »Ja, das ist ein Hund!« Die Mutter verbessert Anna nicht, sondern nimmt ihre Sprache auf, zeigt, dass sie Anna verstanden hat, und bringt den Namen für das Tier »Hund« ins Spiel. Anna lernt dabei den Namen »Hund«, ohne das Gefühl zu bekommen, dass sie etwas nicht richtig gemacht hat.

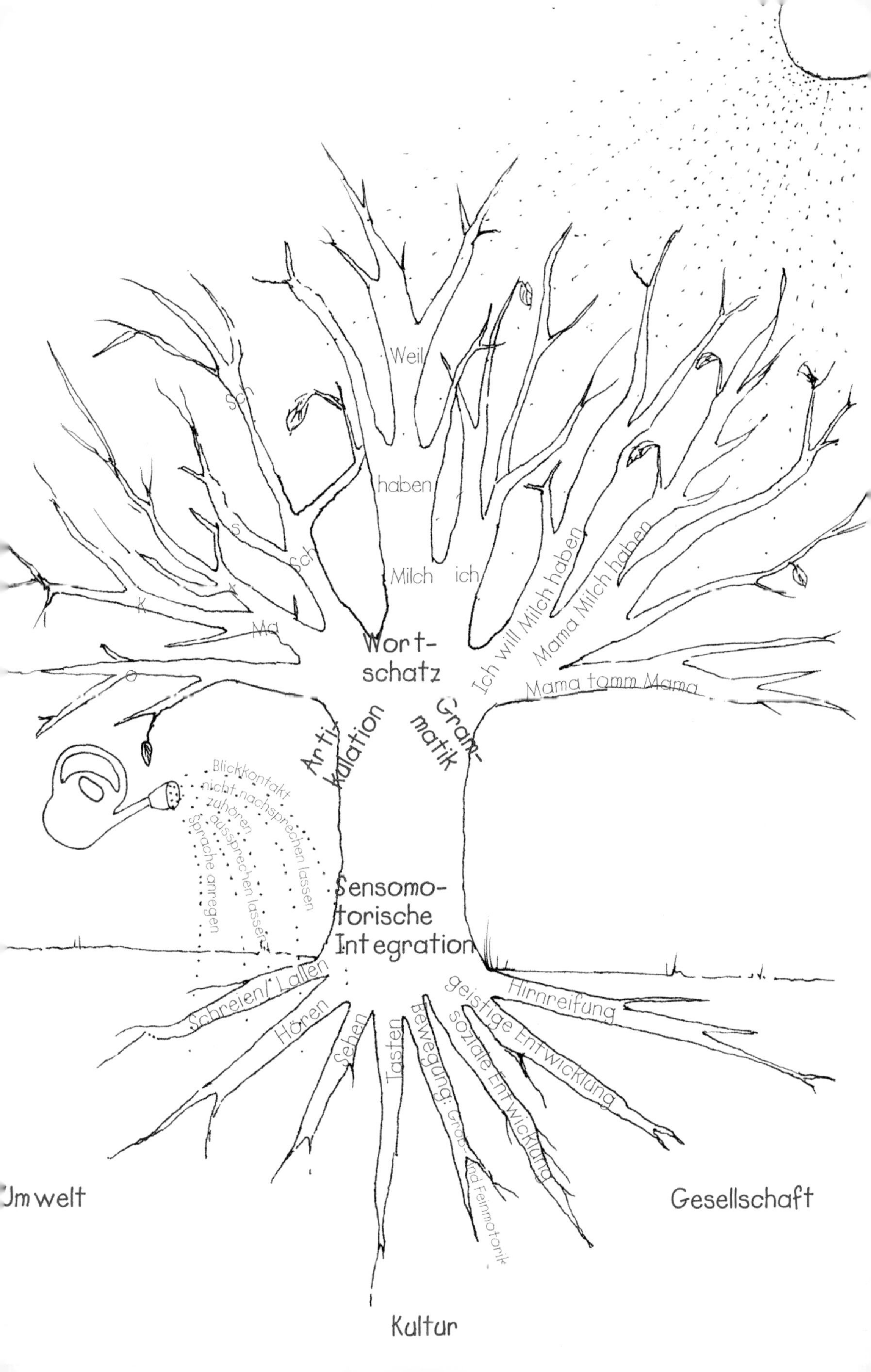
Weil
sch
haben
s
Sch
Milch
ich
K
Ma
o
Wort-
schatz
Ich will Milch haben
Mama Milch haben
Mama tomm Mama
Arti-
kulation
Gram-
matik
Blickkontakt
nicht nachsprechen lassen
zuhören
aussprechen lassen
Sprache anregen
Sensomo-
torische
Integration
Schreien/ Lallen
Hören
Sehen
Tasten
Bewegung: Grob- und Feinmotorik
soziale Entwicklung
geistige Entwicklung
Hirnreifung
Umwelt
Gesellschaft
Kultur

BEISPIEL Meine Hände sind verschwunden

Der Erwachsene oder die Kinder können abwechselnd bestimmen, welches Körperteil »verschwinden« soll. Wir »verstecken« es dann beim Singen mit den Händen. Bei »tralala« klatschen wir alle in die Hände.

Meine Hände sind verschwunden, ich hab keine Hände mehr. Ach, da sind meine Hände wieder! Tralalalalalalala.

BEISPIEL Ich sehe etwas, was du nicht siehst

Der Erwachsene oder ein Kind beschreibt einen Gegenstand im Raum. Er / es nennt entweder die Farbe, die Form oder die Funktion. Er / es kann natürlich auch alles mischen. Wir müssen raten, welcher Gegenstand gemeint ist.

BEISPIEL Memoryspiel

Wir können ein Memory selbst herstellen. Dazu können wir Gegenstände aus Zeitschriften ausschneiden und auf quadratische Pappkärtchen kleben. Aufwändiger, aber sehr schön und gerade für kleine Kinder geeignet, sind Memorytafeln aus Holz. Mit der Säge schneiden wir eine Anzahl von quadratischen Teilen aus und bemalen oder bekleben sie. Es müssen immer zwei »Karten« gleich sein.
Wir legen alle Karten mit der Rückseite nach oben hin. Der jüngste Mitspieler darf beginnen und zwei Karten seiner Wahl aufdecken. Gehören sie zusammen, so darf er das Paar behalten. Gehören sie nicht zusammen, so muss er sie wieder umdrehen und liegen lassen. Wir müssen die aufgedeckten Karten alle einsehen können. Der nächste Spieler kommt an die Reihe. Wer die meisten Paare gefunden hat, hat gewonnen.

Kinder entwickeln eine erstaunliche Merkfähigkeit bei diesem Spiel. Sie lernen dabei verschiedene Dinge mit Namen kennen. Gegenstände aus der Umwelt der Kinder: Spielzeug, Kleidung, Fahrzeuge, Tiere und vieles andere können wir den Kindern anbieten.

BEISPIEL Bücher

Bücher können für das Lernen von Namen eine wichtige Rolle spielen. Mit Leporellos, das sind gefaltete Bilderbücher, und anderen Bilderbüchern mit Gegenständen aus der Umwelt des Kindes können wir den Spracherwerb positiv unterstützen. Bilderbücher anzuschauen bringt allen Kindern Spaß und sie lieben auch hier die Wiederholung. Einzelne Bücher entwickeln sich zu Lieblingsbüchern, die wir immer wieder anschauen. Die Kinder freuen sich daran, Dinge, die sie schon kennen, mit Namen zu belegen.

» Mama und ich sind in einem riesigen Raum, den ich noch nie gesehen habe. Ich kenne davon nur Mama. Ich gehe von ihr weg wie an einem Band. Ich sehe viele andere Menschen. Ich gehe zu ihr hin, damit das Band nicht reißt und ich mich nicht zwischen den Menschen verliere. Ich gehe wieder von ihr fort.
Das Band wird ganz dünn und endlich löst es sich auf. Ich sehe neue Dinge, die ich noch nicht kenne. Ich knüpfe das Band neu und gehe zu Mama zurück.

Heute ist mein erster Tag im Kindergarten. Ich bin aufgeregt. Mama ist auch aufgeregt. Wir gehen in einen kleinen Raum. Mama hängt meine Jacke an einen Haken. Dann bringt sie mich in den Gruppenraum. Die Frau, die bei meiner Gruppe ist, ist nett. Sie sagt zu Mama: »Auf Wiedersehen«, und ich sage Mama auch: »Auf Wiedersehen.« Ich habe ein bisschen Angst. Als der Kindergarten zu Ende ist und alle Kinder nach Hause gehen und ich auch, finde ich meine Jacke nicht. An welche Seite hat Mama meine Jacke gehängt? Ich weiß es nicht mehr. Hat Mama meine Jacke an die Seite, an der die Fenster sind, gehängt oder an die Seite, an der das Bild mit dem Schiff hängt? Mama kommt und holt mich ab. Sie weiß gleich, wo meine Jacke hängt. Sie hängt an der Fensterseite an einem roten Haken mit einem Autobild. «

1.3 Ich orientiere mich im Raum

Wir nehmen Dinge in ihrer Beziehung zu uns, zum Raum und in ihrer Beziehung zueinander wahr.

In einem fremden Raum ist eine vertraute Person für das Kind wie eine Insel. Von ihr bewegt es sich weg, zu ihr bewegt es sich hin oder die Person bewegt sich vom Kind weg oder zum Kind hin. Andere Personen bewegen sich am Kind vorbei. Es bezieht alle Bewegungen auf sich. Von mir weg, zu mir hin, an mir vorbei. Diese Erfahrungen geben dem Kind eine Möglichkeit, sich zu orientieren. Das Wahrnehmen von Raumlagebeziehung ist eine wichtige Voraussetzung für das Wiedererkennen der Beziehung von Dingen untereinander und zum Kind. Kinder lernen sich in einem neuen Raum gut zu orientieren, wenn ihnen die Beziehung der Dinge zueinander bewusst wird. Darum ist es in neuen Räumen (Kindergarten, Schule), in denen die Kinder sich zurechtfinden und leben sollen, gut, mit ihnen über den Platz der Möbel und anderer Gegenstände zu sprechen. Das hilft ihnen bei der Orientierung und gibt ihnen Sicherheit.

Die Feststellung der Beziehung der Menschen und Dinge im Raum in Beziehung zu sich und untereinander ist für ein Kind die Grundlage, sich in Räumen und dann auf einem Blatt Papier und in einem Buch zurechtzufinden.

Alle Kinder in Finjas Klasse sollen ein weißes Blatt Papier falten. Sie sollen eine lange Seite auf ihren Bauch zeigen lassen und dann die beiden Ecken, die auf den Bauch zeigen, und die ganze lange Seite auf die andere lange Seite legen. Finja weiß, welches die langen Seiten sind. Sie hat schon oft verschiedenes Papier zum Malen oder Falten benutzt. Sie hat buntes Papier zu Hause, das vier gleiche Seiten hat. Damit faltet sie besonders gern. Einmal hat Oma ihr in jede Ecke einen Stern gemalt. Und sie hat in die Mitte eine Sonne gemalt. Sie kennt sich mit der Form von Papier aus. Jetzt faltet sie die lange Seite auf die lange Seite. Ein Strich in der Mitte entsteht. Sie faltet die lange Seite, die auf ihren Bauch zeigt, an den Strich in der Mitte. Sie dreht das Blatt um und faltet die andere lange Seite auf den Strich in der Mitte. Nun faltet sie beide Seiten wieder auf. Sie hat jetzt vier Reihen. Mit ihrem dicken Bleistift soll sie nun Einsen darauf schreiben. Der kleine Strich geht schräg hoch, von mir weg, hat die Lehrerin gesagt. Der große Strich geht gerade auf mich zu, denkt Finja. »Von mir weg und auf mich zu.« Sie schreibt mit ihrem Bleistift ganz schöne Einsen auf ihr Papier. Sie achtet darauf, dass der gerade lange Strich nicht zu lang wird, damit die Einsen nicht wie Giraffen aussehen. Die Lehrerin findet ihre Einsen schön.

Den Raum aus verschiedenen Perspektiven zu betrachten ist für ein Kind interessant und spannend. Die Dinge sehen verschieden aus, ob es sie vom Stuhl aus sitzend betrachtet, ob es sie von oben auf dem Tisch stehend wahrnimmt oder auf dem Fußboden liegend von unten ansieht. Dinge und Menschen sehen aus diesen verschiedenen Perspektiven unterschiedlich aus und bleiben trotzdem gleich. Ihre Form und ihre Beschaffenheit ändern sich nicht. Das Kind erfährt, dass die Dinge aus unterschiedlichen Lagen betrachtet unterschiedlich aussehen und doch ihre eigentliche Form behalten. Die Form bleibt konstant.

Zuerst lernt das Kind die Gegenstände in der Realität als dreidimensionale Gegenstände wahrzunehmen. Danach erkennt es sie auch auf einem Blatt Papier, auf einer Fotografie oder Zeichnung wieder. Es hat gelernt, dreidimensionale Gegenstände auch in der Zweidimensionalität wiederzuerkennen. Das Erkennen von Raumlagebeziehungen ist eine wichtige Voraussetzung für das Erlernen von Buchstaben und Zahlen.

Wir gehen mit dem Kind zum Fenster, zur gelben Tür, zum Waschbecken und zu anderen wichtigen Gegenständen im Raum. Wir stellen uns in die Mitte des Raumes, in die Ecken des Raumes, neben die Tür.

Wir gehen mit dem Kind nach Musik im Raum herum. Es soll den ganzen Raum und die Ecken ausnutzen. Mobiliar kann in das Spiel mit einbezogen werden.

Israelischer Tanz

»Zamar noded«

Die Kinder bewegen sich mit den Händen in den Hüften nach der Musik durch den Raum. Jedes Kind geht seinen eigenen Weg. Der Titel bedeutet »Einsamer Wanderer«. Wenn die Musik sich im zweiten Teil verändert, »begegnen« sich je zwei Kinder, haken einander rechts ein und hüpfen umeinander.

Mexikanischer Tanz

»Raspa Mexicana«

Die Kinder stehen im Kreis. Sie haben die Hände in den Hüften und den rechten Fuß vor und den linken Fuß nach hinten gestellt. Nach der Musik hüpfen sie dreimal im Scherensprung. Pause. Die drei Sprünge und die kurze Pause wechseln sie so lange ab, bis die Musik sich verändert. Dann darf jedes Kind sich gehend oder hüpfend frei im Raum bewegen. Klatschen gehört dazu. Wenn der Teil der Musik zu Ende ist, stehen die Kinder wieder im Kreis.

Beispiel Spiele zur Raumlageorientierung

Durch eine Hindernisbahn (Stühle, Tische) gehen, kriechen, hüpfen
Wir bauen eine Hindernisbahn aus Stühlen, Tischen und anderen Gegenständen durch die wir gehen, kriechen oder hüpfen. Wir könne auch mit geschlossenen Augen durch die Hindernisbahn gehen, einen Ball mit dem Fuß oder einem Stab durch ein Stühlelabyrinth treiben.
Kinder gehen durch den Raum: Auf ein akustisches Zeichen hin setzen sie sich schnell auf einen Stuhl.
Kinder steigen über Stühle: Auf vereinbarte Signale hin stellen, hocken, setzen sie sich schnell vor, hinter, neben, auf einen Stuhl. Wir schieben einen Stuhl durch den Raum, ohne anzustoßen. Wir tragen einen Stuhl durch den Raum und stellen ihn leise auf einen Tisch.

Beispiel Fadenspiele

Wir können mit dem Faden verschiedene Figuren legen. Das Kind kann Namen dafür finden. Ich habe eine Brezel gelegt. Das ist eine Brille. Das soll ein Luftballon sein.

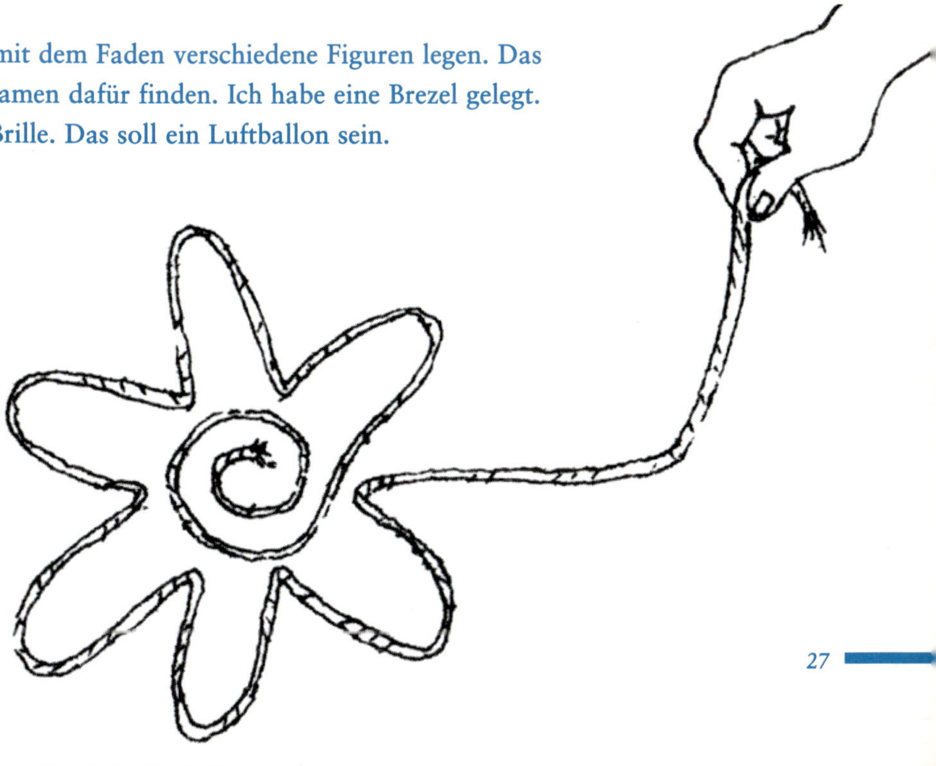

Es war einmal ein Faden,
der lag da wie ein Strich.

Der lag da und langweilte sich.
»Was tu' ich? Ich ringle mich.«

Er ringelte sich zur Spirale
und dann mit einem Male

machte er sich draus
eine Schnecke mit ihrem Haus.

Gleich wurde was Neues gemacht:
Heidewitzka, eine 8!

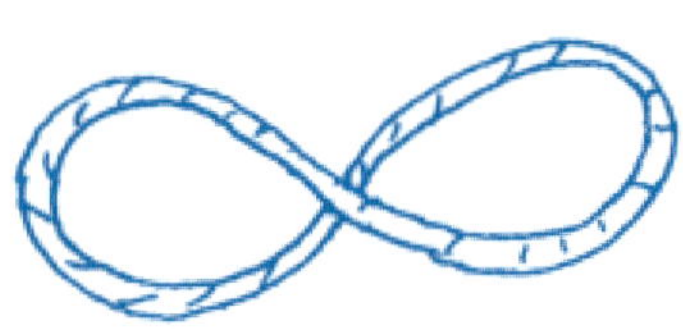

Bald darauf eine Dickedull,
eine kugelrunde Null.

Dann noch, mit viel Geschick,
ein Fisch, ein Meisterstück!

»Was kann ich jetzt noch sein?«
dachte der Fisch, da fiel ihm was ein.

»Ich schlängle mich als Schlange –
wenn er kommt, dann wird ihm bange!«
Dass wer kommt, darauf wartet er schon lange.

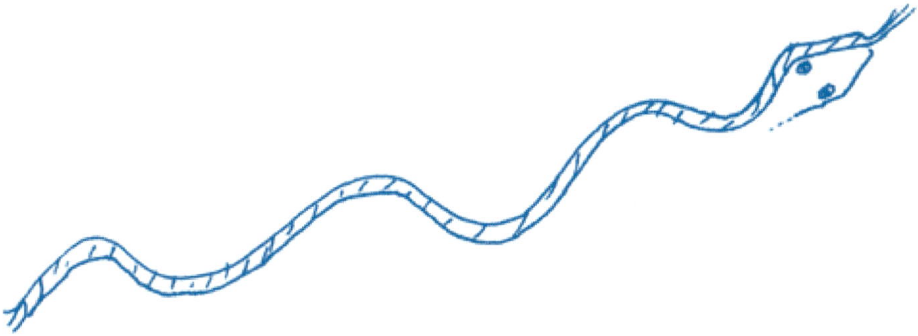

2) Ich und die Dinge

» Ich gehe am Strand spazieren. Ich gehe ganz dicht am Wasser entlang. Meine Füße können nicht nass werden, denn ich habe Gummistiefel an. Ich trete auf Muscheln, Steine und Sand. Die Muscheln knacken unter meinen Stiefeln und im Sand geben sie einen Abdruck. Ich hebe einen Stein auf. Er ist weiß und glatt und irgendwie dünn. Papa nimmt den Stein und lässt ihn über das Wasser springen. Er hüpft dreimal, dann ist er weg. Papa lässt noch mehr Steine über das Wasser springen. Ich sammle noch andere Steine. Sie sind verschieden. Manche sind mehr rund und manche sind mehr dünn und glatt. Papa sagt, das Meer habe sie so glatt gemacht. Ich mag Steine. Ich sammle viele.

In meine Gruppe im Kindergarten ist ein neues Kind gekommen. Der Junge heißt Dennis. Ich glaube, er ist noch größer als Kai. Bis jetzt war Kai der Größte, dann kam Martina. Gabriele war die Kleinste. Frau Gruber will uns morgen alle der Größe nach aufstellen. Wir wollen herausfinden, wer der Größte und wer der Kleinste ist. Ich bin gespannt, wo ich hingehöre und wer nach mir und vor mir kommt. «

2.1 Sammeln, vergleichen und sortieren

Kinder sammeln gern. Sie sammeln in der Natur Steine, Kastanien, Eicheln, Blätter und vieles andere. Sie sammeln Bilder, buntes Papier, Karten und was ihnen die Industrie, die diesen Sammeltrieb gerne ausnutzt, anbietet. Das Sammeln und die Beschäftigung mit dem gesammelten Material führen über das Vergleichen zum Sortieren.

Beispiel: Was will ich mit den Steinen machen, die ich vom Strand mitgebracht habe? Mir fällt auf, dass die Steine verschieden sind. Die runden lege ich auf eine Seite und die flachen auf die andere. Die Farbe ist nicht gleich. Die runden dunklen bekommen einen Platz und die hellen runden auch. Daraus will ich ein Spiel machen. Die dunklen und hellen flachen Steine lassen Papa und ich über das Wasser springen. Ich nehme die hellen Steine und Papa die dunklen. Papa zeigt mir, wie ich die Steine werfen muss, damit sie oft springen. Wir haben viel Spaß.

Im Sortieren erfährt das Kind Unterschiede und Gleichheiten. Es lernt verschiedene Merkmale kennen. Stein ist nicht gleich Stein. Das ergibt mehrere Mengen mit gleichen Merkmalen, zum Beispiel runde und flache Steine und helle und dunkle Steine. Es gibt Steine, die sind dunkel und rund, und Steine, die sind dunkel und flach, ebenso Steine, die hell und rund oder hell und flach sind. Die Möglichkeit, eine Ordnung zu finden, ist vielfältig. Ordnungen sind wichtige Grunderfahrungen. Unsere Welt ist überall in Ordnung eingebunden. Beim Ordnen und Vergleichen erfahren Kinder viel über die gemeinsamen Merkmale und die Unterschiede von Gegenständen und Personen. Sie erfahren, dass alle Merkmale gleich sein müssen, wenn Dinge und Personen wirklich gleich sein sollen. Bei Personen kommt das fast nie vor, nur bei eineiigen Zwillingen. Bei Perlen zum Beispiel sehen viele ganz gleich aus. Daraus lassen sich wunderbar alternierende Reihen machen, d. h., die Kinder können Ketten aufziehen mit einem Muster aus sich abwechselnden Farben oder Formen.
Vergleichen und Sortieren erleichtern Kindern, eine Ordnung zu schaffen. Ordnungen helfen den Kindern, einen Überblick zu gewinnen. Diese Erfahrungen brauchen die Kinder in vielen ver-

schiedenen Bereichen, etwa in der Mathematik. Mengen, Schnittmengen und Tabellen verlangen die Fähigkeit, nach Merkmalen zu sortieren und Ordnungen herzustellen.

Beispiel Mühlespiel

Wir brauchen
- neun dunkle Steine
- neun helle Steine
- quadratische Pappe
- Stift
- Lineal

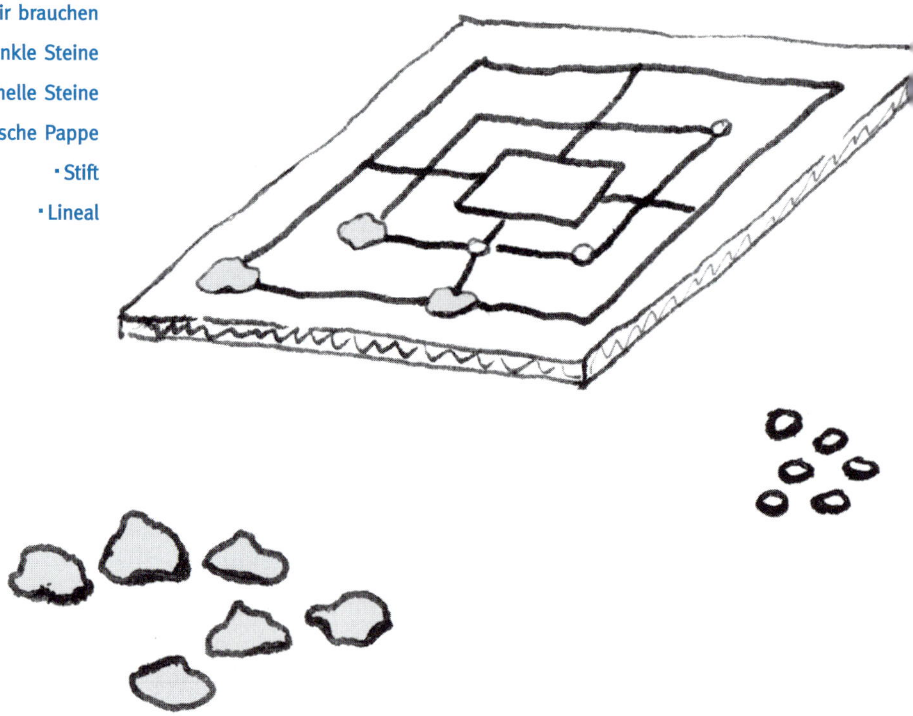

Aus den runden dunklen und den runden hellen Steinen machen wir ein Mühlespiel. Dazu stellen wir uns aus Pappe eine Unterlage mit Quadraten her – siehe Zeichnung. Wir brauchen zwei Spieler. Ein Spieler erhält neun dunkle und einer neun helle Steine. Zuerst legt der Spieler mit den hellen Steinen einen Stein auf einen Kreuzungspunkt. Dann legt der andere Spieler einen dunklen Stein auf einen Kreuzungspunkt. Wer zuerst drei Steine in einer senkrechten oder waagerechten Reihe liegen hat (»Mühle«), darf dem anderen einen Stein wegnehmen. Die Mühle kann durch das Schieben eines Steins zum nächsten Kreuzungspunkt auf- und zugemacht werden. Immer wenn sie geschlossen wird, muss der andere einen Stein abgeben.

Beispiel Ketten aus Naturmaterial

Wir haben auch Eicheln, Kastanien und Blätter gesammelt. Meine Schwester und ich machen große, lange Ketten daraus. Dazu bohren wir mit einem Handbohrer in jede Eichel und Kastanie ein Loch. Wir ziehen mit einer Nadel einen dicken Baumwollfaden oder Paketschnur durch die Löcher. Dabei wechseln wir ab: eine Kastanie, eine Eichel, ein großes Platanenblatt, eine Kastanie, eine Eichel, ein großes Platanenblatt und so geht es immer weiter. Die Ketten hängen wir in meinem Zimmer auf. Das ist ein toller Schmuck für meine Geburtstagsparty.

Wir brauchen

- Eicheln
- Kastanien
- Blätter o. ä.
- Handbohrer
- eine dicke Nadel
- Baumwollfaden oder Paketschnur

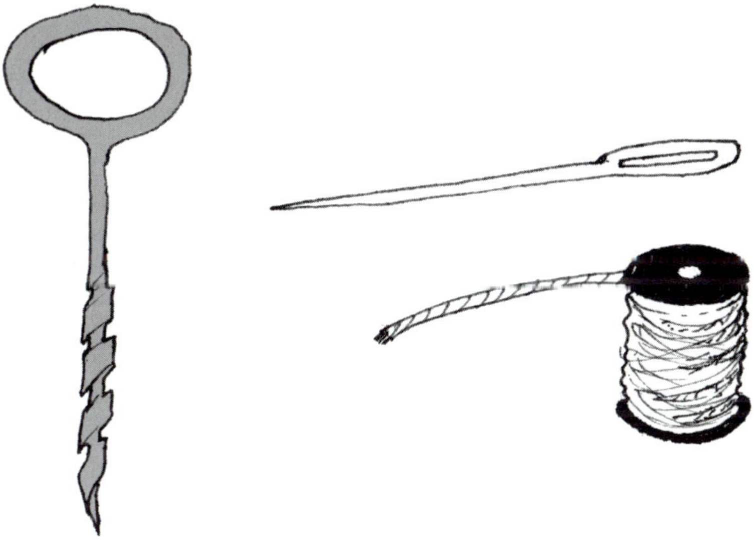

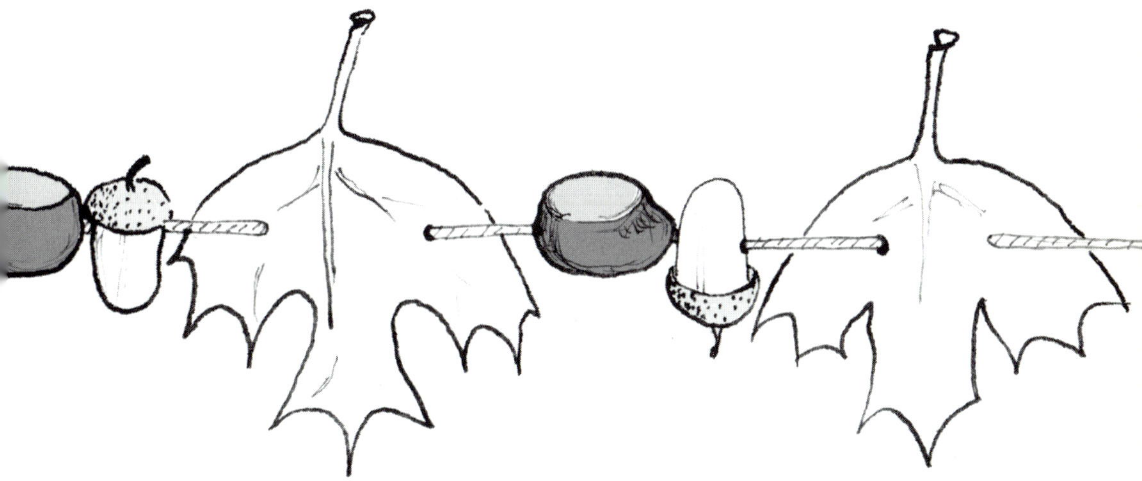

BEISPIEL Perlenketten aufziehen

Wir brauchen
- Perlen aus Holz oder Plastik in verschiedenen Farben, Nadel und dünnes Band

Wir ziehen auch Perlen zu einer Kette auf. Ich finde Rot und Blau besonders schön. Darum wechsle ich ab: Rot und Blau, Rot und Blau. Morgen mache ich eine Kette für meine Schwester. Ihre Lieblingsfarben sind Rosa, Lila und Weiß. Darum will ich ihre Kette mit rosa, lila und weißen Perlen machen. Sie sollen abwechseln.

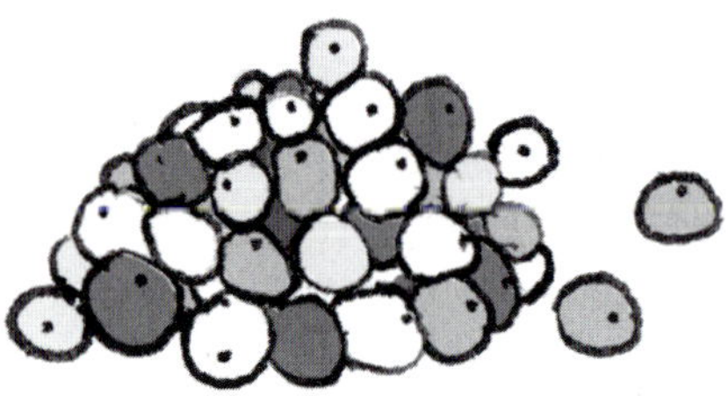

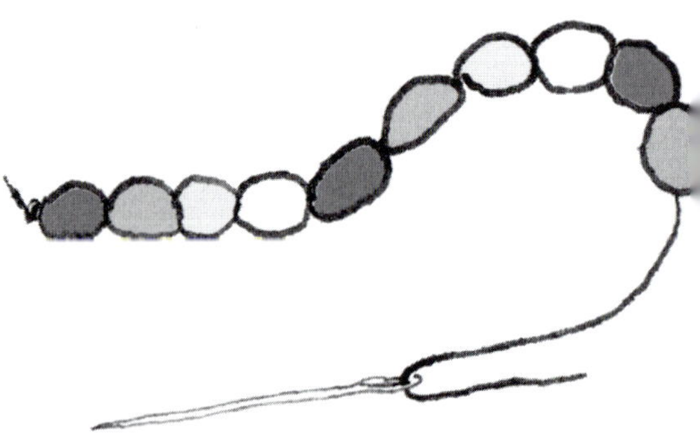

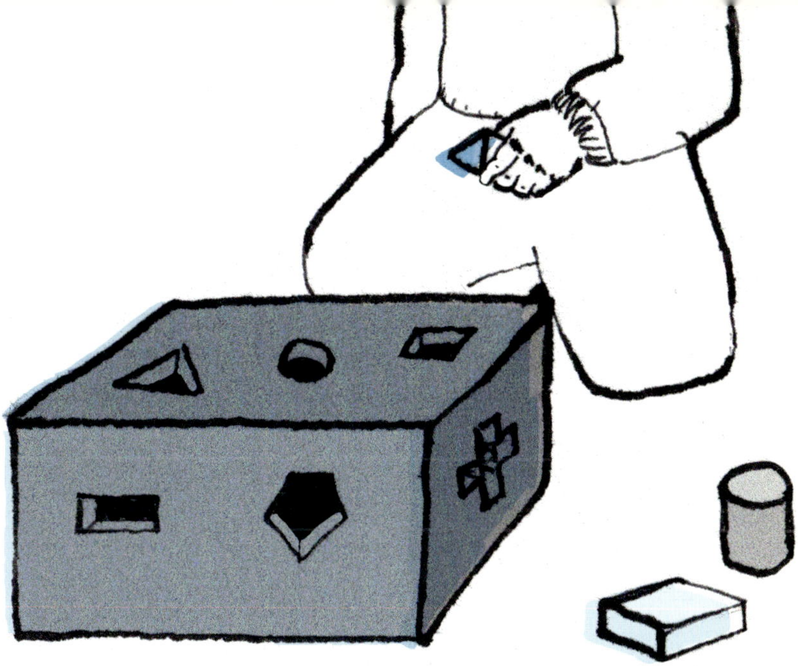

» Ich sitze auf dem weichen Teppich. Die Klötze sind bunt und glatt. Ich nehme einen Klotz und versuche, ihn in den Holzkasten zu stecken. Er will nicht hinein. Ich drehe ihn hin und her, aber er lässt sich nicht hineinstecken. Ich lege ihn weg und nehme einen anderen Klotz. Er hat eine andere Farbe. Ich fühle ihn an. Er ist glatt und hat drei Spitzen. Ich sehe: Das Loch im Kasten hat auch drei Spitzen. Der Klotz lässt sich hineinschieben, wenn ich die Ecken des Klotzes in die Ecken des Lochs im Kasten schiebe.

Ich will ein Haus malen, aber ich kann es nicht. Ich frage Papa. Papa geht mit mir ans Fenster. Wir sehen hinaus. Wir sehen uns das Haus an, das auf der anderen Seite der Straße ist. Die Wand ist hoch und hat vier Ecken. In der Wand sind viele Kästchen. Das sind die Fenster und die Tür. Das Dach ist schief und hat nur zwei Striche, die spitz zusammenpassen. Ich male ein Haus. Es hat eine Wand wie ein Kästchen mit vier Ecken, drei Kästchen als Fenster, ein Kästchen als Tür und ein spitzes Dach.

Ich liege im Gras. Die Sonne scheint und der Himmel ist blau. Weiße Wolken ziehen über den Himmel. Die eine Wolke sieht aus wie eine Ente. Vorne ist der lange Schnabel, dann kommt der runde Kopf mit dem Hals und dem Körper, der aussieht wie ein Ei. Der Schwanz steht ein wenig hoch und ist spitz. Die Wolke zieht langsam weiter. Der Hals der Ente wird dünner. Langsam löst sich der Schwanz ab. Er fliegt als ganz kleine Wolke allein weiter. Die Form der Ente ist nicht mehr da. «

2.2 Farben und Formen, Flächen und Körper

Wo wir hinschauen, entdecken wir in unserer Umwelt Farben und Formen, Flächen und Körper.

Der Schrank ist aus Rechtecken verschiedener Größe zusammengebaut. Er ist schwarz. Die Tischplatte ist ein Quadrat mit vier Quadern als Beinen und braun. Die Wände meines Zimmers sind rechteckig. Die eine Wand ist wunderschön gelb und die anderen Wände sind weiß.

Kinder sammeln ihre Erfahrungen auf dem Weg zur Selbstständigkeit.

Kinder lieben besonders kräftige Farben: ein leuchtendes Rot und ein Blau wie der Himmel, Pink, Lila und ein Gelb wie die Sonne. Farben beleben unsere Umwelt und sie können unsere Stimmungen beeinflussen. Sie sind wichtig als kennzeichnende Merkmale in vielen Bereichen. Für Kinder sind das grüne und das rote Ampelmännchen eine erste Zuordnung für Farben im Straßenverkehr.

Katrin liebt ihren roten Ball mit den weißen Tupfen. Sie lässt ihn rollen, wirft ihn gegen die Wand und prellt ihn auf den Boden. Es gelingt ihr noch nicht, ihn aufzufangen, so sehr sie ihre Hände auch ausstreckt. Manchmal rollt ihr der Ball einfach davon und sie läuft hinterher.

Wer Katrin bei ihrem Spiel beobachtet, sieht ihre Freude und freut sich wohl auch selbst. Dabei hat das Spiel einen ernsthaften Hintergrund. Katrin erfährt bei ihrem Tun etwas über die

Eigenschaften einer Kugel. Wenn ihr später der Vater ein Bilderbuch vorliest und darin die Sonne vorkommt – »Die Sonne, eine Kugel wie ein Ball« –, so kann sie ihre Vorstellung von Kugel, rund, rollen, die sie mit ihrem Ball gewonnen hat, benutzen, um eine Vorstellung von der Sonne als Kugel zu bekommen. Eigenschaften von Formen erfahren Kinder zuerst über Bauklötze und ähnliches Spielzeug. Wenn sie bauen, wird ihnen schnell klar, dass die Quader oder Würfel eine sichere Grundlage für einen Turm sind. Das schmale Dreieck eignet sich am besten als Spitze und Abschluss, weil sich kein anderer Baustein darauf hält.

Später versuchen sie dann, das Gleichgewicht auf der Spitze eines Dreiecks mit einem langen, schmalen Baustein herzustellen. Sie experimentieren mit verschiedenen Formen und Körpern, um ihre Eigenschaften zu erfahren.

In einige Körper kann man etwas hineinfüllen. Auf dem Wege, selbstständig zu werden, versuchen Kinder z. B., Saft in ein Glas zu gießen. Dabei erfahren sie, dass das Glas hohl ist und nur eine bestimmte Menge hineinpasst – sonst läuft es über.

Friederike geht zur Schule. Sie trägt ihren blauen Ranzen auf dem Rücken. Der Bürgersteig ist mit grauen Steinplatten gepflastert. Jeweils vier Platten werden von roten Steinen eingerahmt. Die vier Platten ergeben ein quadratisches Muster.

Friederike hüpft von Quadrat zu Quadrat. In der Schule spricht die Lehrerin heute über Formen. Friederike kennt sich damit schon aus. Ein Blatt in DIN-A4-Format hat zwei lange und zwei kurze Seiten und vier Ecken – »Spitzen«, wie die Kinder gerne sagen. Es ist ein Rechteck. Die Kinder sollen die beiden Spitzen anfassen, die auf ihren Bauch zeigen, und die lange Seite auf die lange Seite falten. Es entstehen zwei schmale Rechtecke – das sind die beiden Hälften des Papiers.

Diese Beispiele zeigen, dass mathematische Grunderfahrungen überall in unserer Umwelt gesammelt werden können und wir unseren Kindern die Gelegenheit dazu geben sollen, sie zu entdecken. Wir sollen sie bei ihren Bemühungen bestärken und mit ihnen gemeinsam die Erfahrungen in Worte fassen.

BEISPIEL Steckspiele mit Farben und Formen

In einen Kasten mit verschiedenen Öffnungen müssen wir die passenden Steine stecken. Dreiecke in die dreieckige Öffnung usw.

BEISPIEL Bauklötze

Bauklötze verschiedener Art mit unterschiedlichsten Formen verbauen wir zu Türmen, Häusern, Burgen, Brücken, Straßen. Für kleine Kinder genügen einfache Formen, die mit zunehmendem Alter komplizierter werden dürfen.

BEISPIEL Legespiele

Wir legen Plättchen oder Naturmaterialien wie Steine, Muscheln o. Ä. zu Mustern zusammen.

Beispiel Colorama

Wir würfeln mit einem Formenwürfel. Die gewürfelte Form ordnen wir in die Vorlage ein.

Beispiel Muster malen

Wir malen Muster auf kariertem Papier. Mandalas ausmalen.

Spiele zu Farben, Formen und Mustern sind im Spielwaren- und Buchhandel erhältlich.

Beispiel | Malen mit Fingern und Pinseln

Wir brauchen
- Stifte
- Papier
(für die Mandalas gibt es Vorlagen im Handel)
- Fingerfarben
- Deckfarben oder Gouachefarben

Wir sollten unseren Kindern häufig die Gelegenheit geben, mit den Fingern oder mit Pinseln zu malen. Sie entwickeln dann von selbst Formen. Natürlich geht das auch mit Wachsmal- und Buntstiften, ist aber nicht so intensiv.

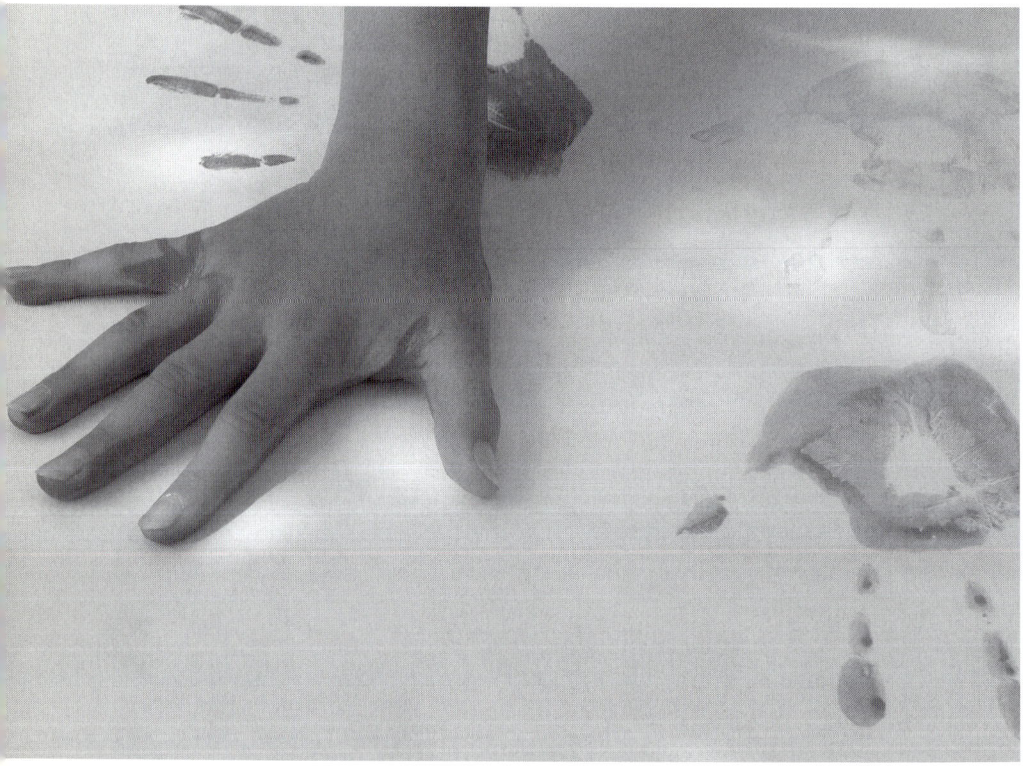

» Heute spielen wir im Kindergarten »Dinge raten«. »Es ist groß und hohl, manchmal aus Holz oder festem Plastik. Wir brauchen es, um etwas hineinzustellen oder hineinzuhängen. Es kann in der Küche stehen und in allen Zimmern. Es sind immer nur andere Sachen darin. Was ist das?« »Ja richtig, es ist ein Schrank.« Wir raten noch viel mehr und dann sagt Frau Gruber: »Und wie heißen alle diese Dinge zusammen?« »Ja, Möbel.« Sie lässt uns andere Dinge raten, für die wir dann wieder ein gemeinsames Wort finden sollen. Wir finden Spielzeug, Kleidung und Tiere. Manchmal geht es schwer und manchmal leicht. «

2.3 Dinge haben einen gemeinsamen Namen

Wenn Dustin seinen Pullover anzieht fällt es ihm noch schwer, richtig in die Ärmellöcher zu kommen und den Pullover über den Kopf zu ziehen. Manchmal ist das Loch für den Kopf vor dem Gesicht und er kann hinausschauen. Der Ärmel sitzt dann auf dem Kopf und das sieht lustig aus, wenn er in den Spiegel sieht.

Durch die Oberbegriffe lernt das Kind Ordnungen herzustellen.

Dustin legt die Sachen, die er am nächsten Tag anziehen will, schon am Abend heraus. Seine Mutter hilft ihm dabei. Neulich hat sie ein komisches Wort gesagt: »Such dir schon mal deine Kleidung heraus – ich habe keine Zeit dazu. Es soll warm werden.« Kleidung – meint sie damit die Sachen, die er morgen anziehen soll? T-Shirt, Hemd, Unterhose, Shorts und Socken – ist das alles Kleidung? Er fragt seine Mutter. »Ja,« sagt sie, »das ist Kleidung. Alle verschiedenen Teile, die du anziehen kannst, gehören zu dem Begriff Kleidung.« »Ach, das ist so wie Spielsachen. Wenn du Spielsachen aufräumen sagst, willst du ja auch, dass ich die Autos und die Bausteine auf dem Fußboden, die Legos auf dem Tisch und die Bilderbücher und den Teddy auf dem Bett wegräume.« Dustin und seine Mutter finden zusammen noch mehr »Oberbegriffe«.

Kinder sind zunächst auf der sprachlichen Seite ihrer Entwicklung damit beschäftigt, ihren Körperteilen, den Personen in ihrer Nähe und den Dingen in ihrer Umgebung den richtigen Namen zu geben. Erst wenn sie diese Begriffe sicher beherrschen, können sie hier eine Ordnung herstellen und die verschiedenen Dinge unter einem gemeinsamen Namen zusammenfassen. Sie erfahren dadurch, dass es auch in der Sprache Ordnungen gibt. Diesmal sind es aber andere Merkmale, die dabei eine Rolle spielen. Es geht darum, die Dinge nach ihrem Verwendungszweck und Gebrauch zu ordnen. Das ist eine höhere Stufe als das Ordnen nach äußeren Merkmalen und verlangt mehr Abstraktionsvermögen. *Abstrakt* bedeutet von der Wirklichkeit abgetrennt, begrifflich verallgemeinert, nur gedacht, unanschaulich. Eine Tabelle hilft den Kindern, die Ordnung, die im Bündeln zu Oberbegriffen steckt, zu verstehen, weil sie sichtbar wird. »Oberbegriffe« helfen den Kindern, eine Ordnung in ihrer Sprache und damit auch in ihrer inneren Welt zu finden.

Beispiel Alle Vögel fliegen hoch

Wir (unbegrenzte Mitspielerzahl) klopfen mit unseren Zeigefingern auf die Tischkante, den Stuhl oder unsere Knie. Der Spielleiter sagt: »Alle Vögel fliegen hoch, alle Spatzen fliegen hoch, alle Störche fliegen hoch, alle Häuser fliegen hoch.« Wir müssen bei den Dingen, die fliegen können, die Arme hochnehmen, bei den Dingen, die nicht fliegen können, müssen wir die Arme unten lassen. Der Spielleiter nimmt seine Arme immer hoch. Es kommt bei diesem Spiel darauf an, richtig zu reagieren.

Alle Vögel fliegen hoch, alle ... fliegen hoch.

Beispiel Namen raten

Wir raten Namen aus verschiedenen Bereichen: Tiere, Fahrzeuge, Blumen, Spielzeug usw. Ein Mitspieler denkt sich einen Begriff aus einem Bereich aus, z. B. eine Katze. Er sagt: »Ich habe mir ein Tier ausgedacht.« Wir müssen Fragen stellen, die nur mit Ja oder Nein beantwortet werden dürfen. Das Spiel ist zu Ende, wenn wir den Begriff erfragt haben.

Beispiel Halli, hallo

Wir stehen nebeneinander in einer Reihe. Ein Mitspieler hat einen Ball in der Hand und steht uns gegenüber. Er denkt sich einen Begriff aus. Er sagt zum Beispiel: »Ein Tier mit B.« Er wirft jedem Mitspieler nacheinander den Ball zu. Der Erste wirft den Ball zurück und sagt dabei ein Tier mit B, falls ihm eines eingefallen ist. Hat er richtig geraten, so wirft der Spieler, der sich den Begriff ausgedacht hat, den Ball hoch, ruft dabei »Halli, hallo« und läuft weg. Der Spieler, der das Tier geraten hat, muss den Ball fangen. Hat er ihn gefangen, so muss der andere Spieler stehen bleiben. Mit dem Ball unterm Arm darf der Fänger drei große Schritte machen. Von dem Platz aus versucht er dann, den Ball durch den waagerecht gehaltenen Armkreis des anderen Spielers zu werfen. Gelingt es ihm, darf er sich einen Begriff ausdenken. Gelingt es ihm nicht, kommt der erste Spieler noch einmal dran. Raten wir den Begriff im ersten Durchgang nicht, wird in jedem Durchgang ein Buchstabe dazugefügt. Zum Beispiel »B – I«, »B – I – B« usw.

Wir brauchen
- Ball
- eine Gruppe ab vier Kindern

Dieses Spiel verbindet Denken und Bewegung ganz besonders gut.

3) Ich orientiere mich in Raum und Zeit

3.1 Ich orientiere mich im Raum
3.2 Ich orientiere mich in der Zeit
3.3 Sprache und Rhythmus

» Heute darf ich zum ersten Mal allein in die Schule gehen. Der Weg ist anders als der Weg zum Kindergarten. Er ist länger. Zuerst muss ich von unserer Haustur zur anderen Seite hin die Straße entlanggehen wie zum Kindergarten. Ich glaube, das heißt rechts. Dann muss ich bis zur Ecke gehen, wo die Meierstraße auf unsere Straße trifft. Ich muss, glaube ich, links herum in die Meierstraße gehen bis zur Ampel. Dort bin ich mit Fabian verabredet. Wir gehen zusammen die große, breite Straße entlang bis zur nächsten Ampel. Dann gehen wir den kleinen Weg zwischen den Häusern entlang. Das ist eine Abkürzung, hat Mama gesagt. Da ist die Schule.

Am ersten Schultag sind wir durch die ganze Schule gegangen. Unsere Lehrerin hat uns alles gezeigt. Sie hat uns auch zum Hausmeister geführt. Er war in einem Raum mit großen Fenstern. Heute soll ich Kreide vom Hausmeister holen. »Er hält sich in der Hausmeisterloge auf« hat meine Lehrerin gesagt. Ich gehe die Treppe hinunter. Da steht der Hausmeister in dem Raum mit den großen Fenstern. Im Raum ist Licht. Ich gehe an die offene Tür. Der Hausmeister sieht mich an und ich sage: »Ich möchte gerne Kreide.« Er lächelt und gibt mir einen kleinen Kasten. Ich sage: »Danke«, und trage ihn nach oben in die Klasse. Meine Lehrerin sagt: »Ich freue mich, dass du die Hausmeisterloge so gut gefunden hast.« «

3.1 Ich orientiere mich im Raum

Mit »Raum« sind in diesem Kapitel nicht Innenräume oder extra für Kinder eingerichtete Plätze gemeint, die einen geschützten Raum darstellen, einen Rahmen bilden für die noch sehr behüteten Aktivitäten. Mit »Raum« ist die Orientierung im Raum an sich, in der Umgebung, dem Wohnviertel, der Stadt und dann darüber hinaus in der Welt gemeint.

Ein Kleinkind wird vom Erwachsenen oder von größeren Kindern auf den Spielplatz begleitet und in den Kindergarten gebracht. Erst allmählich gewinnt es genug Sicherheit, um allein auf dem Spielplatz zu bleiben und den Weg zum Kindergarten allein zurücklegen zu können. Das Zutrauen des Erwachsenen hilft ihm dabei. Neben dem Aspekt der zunehmenden Selbstständigkeit, die wohlwollend von dem Erwachsenen unterstützt werden sollte, ist der Aspekt der Orientierung im offenen Raum wichtig.

»Wenn ich zum Kindergarten gehe, muss ich unsere Straße gerade entlanggehen und beim Papierladen bei der Fußgängerampel über die Straße gehen. Dann gehe ich den schrägen Weg über den kleinen Platz und dann bin ich da.« So beschreibt Danny seinen Weg zum Kindergarten. Er greift dabei auf Erfahrungen und Begriffe zurück, die er schon kennen gelernt hat. Es verbergen sich verschiedene mathematische Begriffe darin: gerade entlang, überqueren, kreuzen, schräger Weg. Wir können uns vorstellen, dass ein Kind, das sich diese Erfahrungen selbst erläuft, eine gute Grundlage bekommt, um sich später in Geometrie diese Begriffe vorstellen zu können. Es bekommt eine Vorstellung von Geraden, Kurven, Ecken, Winkeln, Diagonalen, bevor es sie im Mathematikunterricht als Begriffe lernt.

Die meisten grundlegenden Erfahrungen sammeln Kinder im Alltag.

»Ist dein Weg zum Kindergarten lang?« »Nicht so lang wie zu Oma. Zu Oma müssen wir mit dem Auto fahren.«
Vorstellungen von lang und kurz, groß und klein, viel und wenig entwickeln sich aus Erfahrungen im Raum. Das Fahren im Auto ersetzt dabei nicht den auf eigenen Beinen zurückgelegten Weg. Im Auto wird das Kind in einem kleinen, geschützten Raum von einer erwachsenen Person über die Geraden und Kurven gebracht. Es braucht nicht aufmerksam zu sein und sammelt keine eigenen Erfahrungen. Erfahrungen brauchen Zeit – auch Zeit zum Überprüfen – und den richtigen Zeitpunkt. »Ich lasse mein Kind heute mal den Weg allein gehen, weil es sich in Geometrie noch nicht so auskennt«, wird nicht viel bringen. Für manche Dinge sind Kinder in einem bestimmten Alter besonders offen und aufmerksam und das gilt es auszunutzen. Für die beschriebenen mathematischen Grunderfahrungen ist es die Zeit der zunehmenden Selbstständigkeit im Vorschul- und frühen Grundschulalter.

Mit der eigenen Erfahrung im Raum als einer guten Grundlage entwickelt das Kind seine Vorstellungskraft. Es erfährt mathematische Begriffe und lernt sie umzusetzen. Dabei entwickelt sich auch sein Vorstellungs- und Abstraktionsvermögen von Häusern, Straßen und Plätzen, um Pläne und Karten lesen und verstehen zu können, bis hin zu der Vorstellung, Erde, Sonne, Mond und Sterne als kugelförmige Objekte im Raum zu sehen.

BEISPIEL Wege alleine machen

Einkaufen gehen

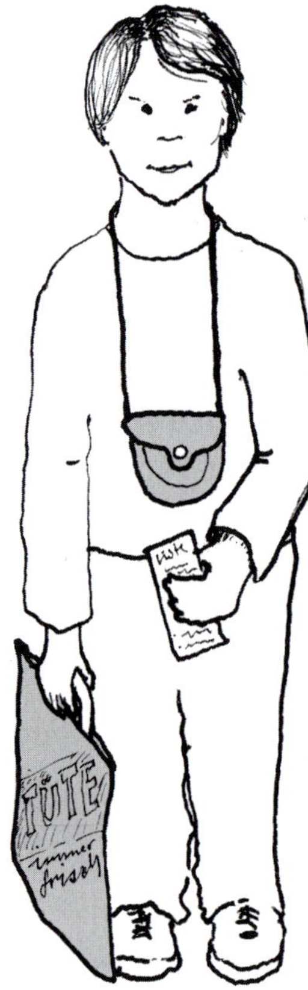

Wir gehen zum Spielplatz, in den Kindergarten, in die Schule

Wir erkunden das Wohnviertel

Wir spielen draußen

In der Turnhalle oder auf dem Sportplatz:
»Fischer, Fischer, wie tief ist das Wasser«

Wir brauchen
- einen »Schatz«
- Markierungen (Papier schnitzel, Bänder und vieles andere mehr).

Laufspiele

Ein Kind ist der Fischer. Es steht auf der einen Seite. Wir anderen stehen auf der anderen Seite in einer Reihe nebeneinander. Wir rufen »Fischer, Fischer, wie tief ist das Wasser?« Der Fischer antwortet »... Meter tief.« »Wie kommen wir da rüber?« Der Fischer nennt eine Bewegungsart wie z. B. Hüpfen, Hinken, Rückwärtsgehen usw. Der Fischer und wir müssen den Platz in der genannten Bewegungsart überqueren, dabei versucht der Fischer, möglichst viele von uns zu fangen (Anticken genügt).

Spiele draußen

Schnitzeljagd ist ein beliebtes Spiel für Geburtstage.

Der Spielleiter versteckt einen Schatz. Den Weg markiert er mit verschiedenen Zeichen. Wir müssen versuchen, die Zeichen zu »lesen« und den Schatz zu finden (geht auch mit einem Kind).

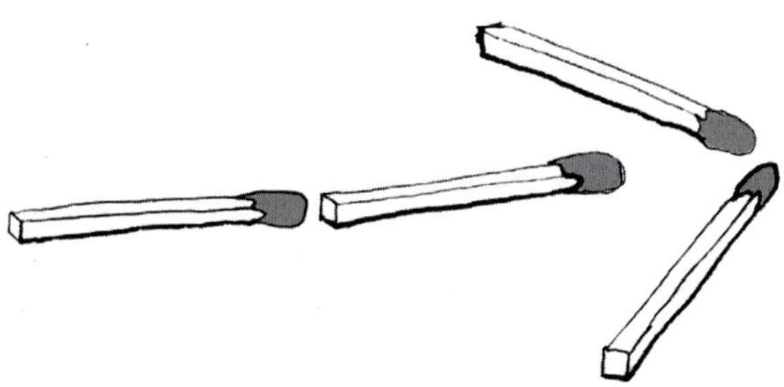

Im Buchhandel sind verschiedene Bücher mit rhythmischen Spielen, Laufspielen u.a. erhältlich. In der Sportabteilung finden wir Materialien, die dem Raumaspekt Rechnung tragen.

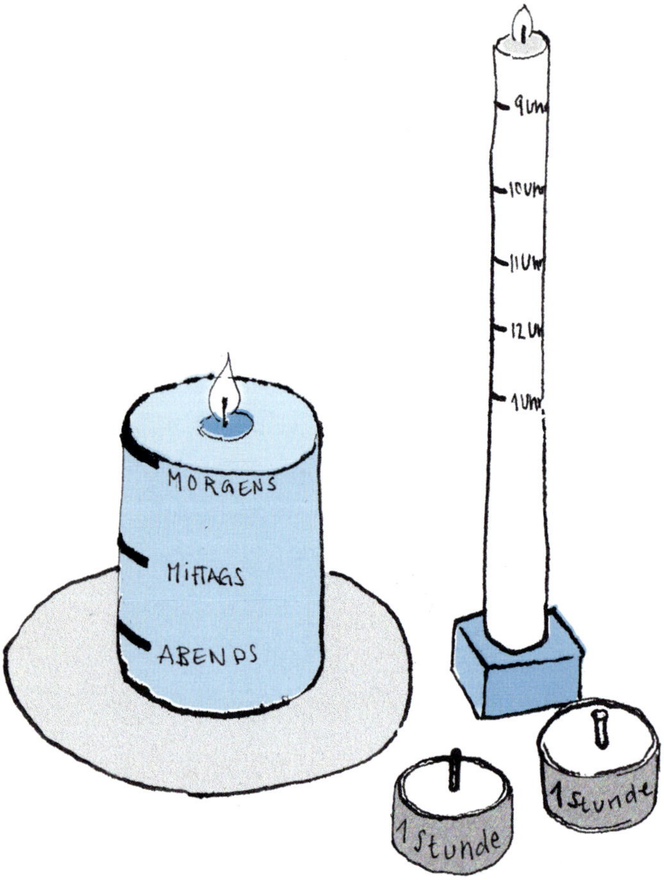

» Ich bin zu spät in die Schule gekommen. Meine Lehrerin hat nicht geschimpft. Sie hat gefragt: »Wie kommt es, dass du heute zu spät kommst?« Ich habe ein bisschen überlegt. »Das kommt, weil ich noch auf Fabian gewartet habe, aber der ist nicht gekommen.« »Fabian ist krank, hat meine Lehrerin gesagt, er kommt heute nicht in die Schule.«

Heute habe ich den Mond gesehen. Er war ganz rund. Vollmond heißt das. Mama hat mir erzählt, dass vor einigen Jahren, bevor ich geboren wurde, Menschen auf den Mond geflogen sind. Sie sind in einer Rakete geflogen. Raketen habe ich schon im Fernsehen gesehen. Der Weg zum Mond ist sicher sehr weit. Er ist weiter als der Weg nach Spanien. Dahin sind Mama, Papa, Johanna und ich im Urlaub gefahren. Wir haben unterwegs übernachtet. »Im nächsten Jahr fliegen wir mit dem Flugzeug«, hat Papa gesagt. »Das geht schneller.«
Wie lange haben die Leute wohl für die Reise zum Mond gebraucht? «

3.2 Ich orientiere mich in der Zeit

Schon im Mutterleib erfährt das Kind »Zeit«. Das Herz der Mutter schlägt gleichmäßig und mit dem Schlagen vergeht die Zeit. Der Zeitpunkt für die Geburt nähert sich. Er kommt mit der Zeit, weil sich das Kind im Mutterleib entwickelt. Zum Zeitpunkt der Geburt arbeiten Mutter und Kind zusammen, damit das Kind auf die Welt kommen kann.

Struktur, Rhythmus, Rituale sind Orientierungshilfen für Kinder.

Die Zeit eines Babys wird vom Schlaf / Wach-Rhythmus bestimmt und vom Hunger- und Sättigungsgefühl. Der Tag ist in Zeiten geteilt, in denen das Baby schläft und in denen es wach ist. Die Wachphasen nehmen zu. Mit der Zeit entwickelt sich ein Tag / Nacht-Rhythmus.

Kleinkinder lernen, dass bestimmte Tätigkeiten zu bestimmten Tageszeiten gehören. Morgens, wenn sie aufstehen, werden sie gewaschen und angezogen. Dann gibt es Frühstück. Später am Vormittag gehen sie in die Krabbelgruppe. Mittags gibt es eine warme Mahlzeit und dann kommt der Mittagsschlaf. Nachmittags spielt das Kind auf dem Spielplatz. Dann gibt es Abendbrot, alle sind da. Nach dem Abendbrot darf das Kind noch eine Kindersendung im Fernsehen sehen. Dann wird es gebadet und Papa oder Mama liest eine Geschichte vor. Danach ist Schlafenszeit. So füllen sich die Tage. Erst nach und nach gewinnen Kinder eine Vorstellung davon, was »gestern«, »heute« und »morgen« bedeutet.

Es wird Winter. Die Besuche auf dem Spielplatz nehmen ab. Dafür kommen die Advents- und Weihnachtszeit mit Keksen und Lichtern. Es wird kalt. Auf dem Teich gibt es Eis. Wenn die Sonne wieder wärmer scheint und das Eis schmilzt, kommt der Frühling. Im Frühling hat das Kind Geburtstag. Oma und Opa kommen und bringen Geschenke.

Das Kind macht die Zeit an den Jahreszeiten und an besonderen Festen aus. Dafür ist es wichtig, dass es sie auch erleben, das heißt, in ihrer Eigenart wahrnehmen kann. Spielen draußen, Aufenthalte in der Natur mit Baden im Sommer, Kastanien- und Blättersammeln im Herbst, Spiele auf Eis und im Schnee im Winter, die Vielzahl der Blumen zu sehen und das Gezwitscher der Vögel zu hören im Frühling verbindet das Kind dann mit dem Vergehen des Jahres und dem Vergehen der Zeit. Es lernt, dass manche Zeit schnell vergeht, z. B. beim Spielen, und manche Zeit langsam, zum Beispiel beim Warten auf Oma – und die Stunde trotzdem eine Stunde bleibt. Es lernt, sich seine Zeit einzuteilen. Schnell das Zimmer aufzuräumen oder schnell die Hausaufgaben zu machen bedeutet, mehr Zeit zum Spielen zu haben.

Die Zeit im Kindergarten hat ihren Rhythmus. Erst kommt das Freispiel, dann der Morgenkreis, danach das Frühstück, nach dem Frühstück folgen die Beschäftigung und das Freispiel draußen. In der Schule teilt der Stundenplan die Zeit ein. Nach der ersten Stunde ist die Frühstückspause. Dann kommen noch zwei Stunden und dann kommt die große Spielpause. Eine Stunde plus zwei Stunden macht drei Stunden. Also nach drei Stunden gibt es erst die große Pause. Das ist eine lange Zeit.
Kinder brauchen gleichmäßig strukturierte Zeit, um sich orientieren zu können, aber natürlich darf es auch Ausnahmen geben.

Zeit wird mit Strecke und Weg verknüpft. Wie lange brauche ich, um von zu Hause bis in den Kindergarten zu gehen? Wie lange brauche ich, um von zu Hause bis in die Schule zu gehen? Gehe ich schnell, sind es nur zehn Minuten. Will ich noch an der Baustelle den Baggern zusehen, brauche ich länger. Der Weg bleibt gleich lang. Zeit, Strecke und Geschwindigkeit gehören zusammen. Später im Mathematikunterricht lernt das Kind, dass Strecke geteilt durch Zeit gleich Geschwindigkeit ist (km pro Stunde) und Zeit mal Geschwindigkeit gleich Strecke ist. Weglänge und Schnelligkeit gehören zusammen. Je schneller ich gehe, desto weniger Zeit brauche ich. Je langsamer ich gehe, desto mehr Zeit brauche ich für den gleichen Weg. Wie schnell sind wohl die Leute zum Mond geflogen und wie weit ist der Weg?

Beispiel Den Tagesablauf und die Woche besprechen

Wir besprechen mit unserem Kind den Tagesablauf. Was ist so wie immer und was ist anders? Wir nennen dem Kind die Namen der Wochentage und erklären Alltag und Wochenende.

Beispiel Wochentage

Laurentia,
liebe Laurentia mein...

Wir singen das Lied und gehen bei der Nennung der Wochentage in die Knie. Wir führen immer einen Wochentag nach dem anderen auf und singen nach »Ach wenn es doch erst...« alle bereits genannten Wochentage nacheinander.

Beispiel Was macht die Maus am Donnerstag?

Was macht die Maus am Donnerstag, am Donnerstag, am Donnerstag? Dasselbe wie an jedem Tag, an jedem Tag, an jedem Tag, z. B. sie frisst Käse, sie putzt ihre Kinder usw.

Wir sprechen den Vers und denken uns Tätigkeiten für die Maus aus.

Beispiel Monate und Jahreszeiten

Wir brauchen
- Pappe (kreisförmig)
- Papier
- Schere
- Stifte
- Klebstoff
- einen Musterbeutel für den Zeiger

Jahreszeiten- und Geburtstagskalender:
Wenn wir mit Kindern die Geburtstage der Familienmitglieder in die Jahreszeitenuhr eintragen, wird ihnen deutlich, in welcher Jahreszeit der Geburtstag liegt. Sie können Verbindungen zwischen der Jahreszeit und dem Monat knüpfen.

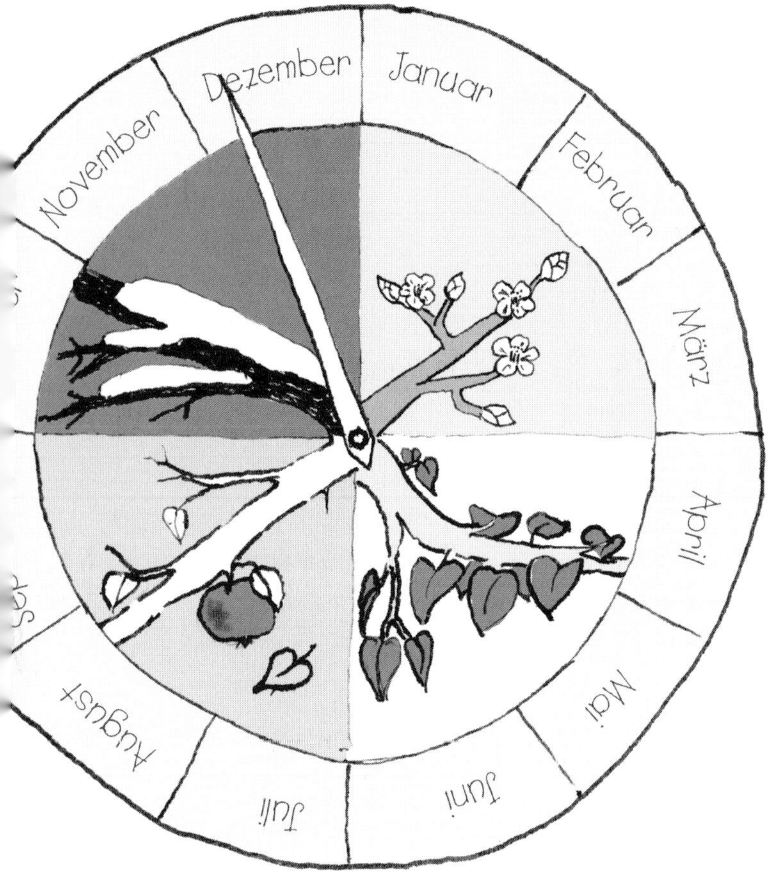

Januar
Februar
März
April
Mai
Juni
Juli
August
November
Dezember

Wir basteln mit dem Kind eine Jahresuhr. Wir teilen den Kreis in vier Teile (Jahreszeiten) ein. Jede Jahreszeit wird noch einmal in drei Teile geteilt (Monate). Wir überlegen mit dem Kind, was in den Jahreszeiten passiert, und malen dazu. Diese Bilder kleben wir auf das Jahresrad in die entsprechenden Abschnitte. Die drei Monate, die zu jeder Jahreszeit gehören, gestalten wir mit unterschiedlichen Farben. Wir fragen unser Kind nach seinen Gefühlen für die Farbe, die zu den Jahreszeiten passt. Wir können in das Jahresrad die Geburtstage der Familie eintragen und in der Mitte einen Zeiger anbringen, der den jeweiligen Monat anzeigt.

Buchtipp: Empfehlenswert sind u. a. »Nur ein kleines Samenkorn« von Eric Carle, »Mit Findus durchs ganze Jahr« von Sven Nordqvist oder Bücher aus der Reihe »Mein kleiner Brockhaus«

» Ich gehe in die erste Klasse. Wir haben in der Klasse eine Wanne mit Spielzeug. Damit spielen wir in der großen Pause auf dem Schulhof. Heute will ich mit Silke und Christina mit dem großen Seil spielen. Wir wechseln ab: Zwei schlagen das Seil und eine springt. Zuerst komme ich mit dem Springen dran. Ich kann ganz viele Male springen. Silke und Christina sprechen dazu: »Teddybär, Teddybär, dreh dich um, mach dich krumm, zeig deinen Arm, zeig deinen Fuß, geh nach Hus. Eins, zwei, drei.« Es macht mir Spaß, genau so zu springen, wie das Seil kommt und Silke und Christina sprechen. Das passt gut zusammen. Das Sprechen oder Singen macht das Springen irgendwie leichter und das Sprechen bekommt einen guten Schwung und wird auch leichter. «

3.3 Sprache und Rhythmus

Rhythmus ist gestaltete, in zeitlichen Abständen wiederkehrende Gliederung von Elementen der Tonstärke und -höhe und Bewegung in Tanz, Musik und Sprache.

Wenn Kinder über den Spracherwerb hinaus sind, Wörter und Begriffe gelernt haben und die Satzbildung beherrschen, stellt sich eine flüssige, rhythmische Sprache ein. Jede Landessprache hat ihre eigene Sprachmelodie und ihren eigenen Sprachrhythmus. Daneben entwickelt jeder Mensch seinen eigenen Sprechrhythmus, der sich in Nuancen vom Rhythmus anderer unterscheidet.

Die Sprachentwicklung ist störanfällig. Probleme eines Kindes können in der Sprache hörbar werden. Ein Kind kann Lautverbindungen aus dem Kleinkindalter bis ins Schulalter beibehalten. Es spricht dann zum Beispiel "de" statt "ge", "dedannen" statt "gegangen". Wenn organisch alles in Ordnung ist, das Kind richtig hört und die Mundmotorik richtig arbeiten kann, kann die Störung darauf hinweisen, dass das Kind noch gern klein bleiben möchte. Vielleicht hätten die Eltern ihr Kind auch noch gern klein. Das spielt sich oft unbewusst ab und bedarf der Klärung. Holpriges Sprechen und Stottern können ebenfalls Probleme ausdrücken.

Aber auch nicht gravierende Auffälligkeiten der Sprache müssen beachtet werden. Sie können beim Erwerb der Lesekompetenz störend sein und dem Kind das Verständnis des Textes schwer machen. Wir haben sicher alle schon einmal die gepresste, stoßweise hervorgebrachte Sprache von Menschen gehört, die unter großem Druck stehen, oder die atemlose Sprache von Menschen, die ohne »Punkt und Komma« reden, gehört.

Wenn der Sprach- und Sprechfluss eines Kindes nicht rhythmisch ist, hat das Auswirkungen auf den Erwerb seiner Lesekompetenz und das Leseverständnis. Versteht es das nicht, was es liest, bleiben ihm neben der Entmutigung und dem Gefühl der Sinnlosigkeit seiner Bemühungen viele Informationen und viel Wissen verschlossen.

Eine gute Beziehung zwischen Eltern und Kindern ist eine gute Voraussetzung für einen erfolgreichen Spracherwerb und damit für einen rhythmischen Sprachfluss. Das wiederum hat Auswirkung auf den Erwerb der Lesekompetenz.

Kinder haben viel Spaß an Sprech- und Sprachrhythmen. Im Vor- und Grundschulalter sitzen gerade Mädchen oft beieinander und sprechen Verse, die sie mit Klatschen und Patschen auf die Oberschenkel begleiten. Seilspringen ist auch beliebt. Jungen und Mädchen springen gern über ein Schwungseil und sprechen dazu Verse, die es teilweise schon seit Generationen gibt. Die Verbindung zwischen der Sprache und dem rhythmischen Springen wird sichtbar und hörbar.

Der Rhythmus beim Sprechen übt sich durch Spiele. Vor dem Hindergrund dieses Wissens bekommen rhythmische Verse, Kreisspiele, Klatsch- und Patschspiele noch eine ganz andere, tiefere Bedeutung. Sie sind nicht nur Kinderbelustigung, sondern eine wichtige Hilfe beim Spracherwerb.

BEISPIEL Klatsch- und Patschverse

Ene mene minketinke,
faderude, rolke, tolke,
aggel, waggel, weg.

Mit beiden Händen klatschen und patschen wir abwechselnd auf die Oberschenkel. Es kann auch eine Bewegung zwischen zwei Kindern entstehen, die beim Sprechen in die eigenen und die Hände des Partners klatschen.

Klatsch- und Patschspiele sollten Kinder schon vom Babyalter an begleiten. Im Laufe der Zeit ändern sich entsprechend der Entwicklung der Kinder Inhalt und Schwierigkeitsgrade der Verse und der Bewegung. Das Spiel verlagert sich auch von der Eltern-Kind-Ebene auf die Partnerebene zwischen Kindern.

BEISPIEL Sprechzeichnen

Dies ist das Haus
vom Nikolaus.

Punkt, Punkt,
Komma, Strich,
fertig ist das Angesicht.
Und zwei große Ohren,
so ward sie geboren.
Ritze, ratze,
titze, tatze,
fertig ist die Miezekatze.

Der Mond ist rund,
der Mond ist rund,
er hat zwei Augen,
Nas' und Mund.

BEISPIEL Spiele mit dem Schwungseil

Wir bewegen das Seil hin und her. Das Kind in der Mitte springt darüber. Wir benutzen diesen Spruch als Einstimmung auf das eigentliche Seilspringen.

Schiffchen, Schiffchen,
fahr nach Hongkong,
wo die Wellen schlagen
hoch. Eins, zwei, drei,
vier...

Das Seilspringen kann auch von **längeren Versen begleitet werden.**

Teddybär, Teddybär,
dreh dich um,
mach dich krumm,
zeig deinen Arm,
zeig deinen Fuß,
geh nach Hus.
Eins, zwei, drei, vier...

BEISPIEL Schwungübungen zu Reimen

Mit einem großen Wachser schwingen wir kreisförmig auf großem Papier.

Lirum, larum, Löffelstiel,
wer dies schon kann,
der kann schon viel.

»Was macht der Clown im Juli?« von Karlhans Frank

Was macht der Clown im Juli?
Er sitzt auf einem Stein und lacht.

Vorgestern saß er ganz allein,
auf seinem kalten Lieblingsstein.

Gestern trieb wie ein loses Blatt,
er matt durch eine große Stadt.

Und heut, auf einem weiten Platz,
sah er die kleine Schnurrekatz.

Sie lächelte so frei und frisch,
er schenkte ihr von seinem Fisch.

Jetzt lacht der Clown auf seinem Stein.
Die Schnurrekatz wärmt ihm ein Bein.

»Der Hampelmann«
von James Krüss

Der Hampelmann sagt: „Immer schon
war ich die Ruhe in Person.“

Da kommt ein kleiner Junge her,
und, sieh mal da, schon zappelt er.

Buchtipp:
Janosch »Das große
Buch der Kinderreime«
Beltz & Gelberg

4) Ich Experimentiere

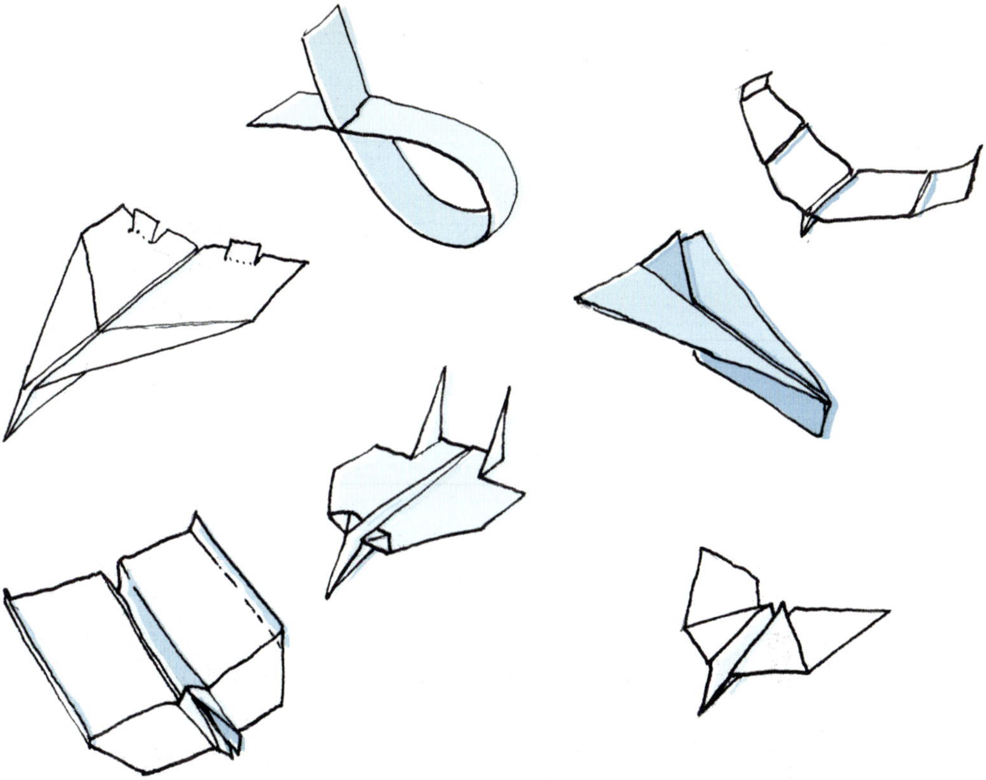

» Lustig sehen meine Korkenschwimmer aus. Am schönsten finde ich die mit den Luftballons. Warum kippen manche aber immer wieder um? Manche gehen sogar unter. Ich werde es mal mit dem Sektkorken probieren.

Schon wieder abgestürzt. Warum stürzt der Flieger immer ab? Hab ich was falsch gefaltet? Vielleicht muss ich ihn anders werfen.

Wie in einer Sanduhr rieselt der Sand. Oben verschwindet er, unten gibt's einen Berg. Ich werde noch ein Loch in die Pappe machen und ein ganz großes.

Ich brauch noch eine von diesen großen Muttern, damit geht es am besten. Dann kippt das Männchen nicht so leicht um. Jetzt steht es aber ganz schief. Was passiert, wenn ich den Draht verbiege? Oder soll ich noch eine Schraube dranmachen. Ah, jetzt schaukelt er – aber er kippt nicht um. Toll, Anja lässt ihr Männchen auf ihrem Finger tanzen, das will ich auch probieren. «

Versuch macht klug

Kinder sind Forscher. Kaum sind sie auf der Welt, beginnen sie mit ihrer Arbeit.

Einen Großteil ihrer Zeit verbringen kleine Kinder mit Experimenten. Unentwegt stellen sie Versuche an, um herauszufinden, wie etwas funktioniert, was zusammengehört, wie die Welt beschaffen ist.

Nicht immer ist für einen Zuschauer der Zweck dieser Experimente gleich ersichtlich. Wenn die eineinhalbjährige Anja eine Reiswaffel in ihre krümeligen Bestandteile zerlegt und diese gleichmäßig auf dem Teppich verteilt, wird ihre Mutter sich vermutlich erst mal fragen, wie sie diese Bröckelei beseitigen, besser noch verhindern kann, bevor sie sich am Forschergeist ihrer Tochter erfreut.

Ihre Untersuchungsmethoden sind ungewöhnlich und nicht immer nervenschonend.

Wahrscheinlich experimentiert Anja mit der Entropie. So nennen Physiker den Zustand größtmöglicher Unordnung. Alles, was Anja in die Hände bekommt, wird auf seine Zerleg- und Verteilbarkeit hin untersucht. Sei es das Besteck aus der Küchenschublade, die Milch aus dem Trinkbecher oder das Lego-Bauwerk ihres Bruders.

Mit Zerstören hat das nichts zu tun. Für Anja ist das lediglich eine altersgemäße Methode, die Eigenschaften von Dingen und Materialien zu untersuchen. Die meisten Menschen verstehen unter Experimentieren wohl etwas anderes. Und es kostet Eltern bisweilen allerhand Nerven und Mühe, die Flurschäden zu beheben, die bei dieser Art Forschung unvermeidlich entstehen.

Im Grunde machen Wissenschaftler nicht viel anderes, wenn sie nach Gesetzmäßigkeiten in unserer materiellen Welt suchen. Sie gehen dabei lediglich systematischer vor als Anja und sicherlich brauchen sie manche Experimente nicht so oft zu wiederholen. Zwei grundlegende Fragestellungen aber sind bei ihnen dieselben wie bei Anja und allen anderen Kindern der Welt. Nämlich:

1. Wie ändert sich das Ergebnis, wenn ich einzelne Versuchsbedingungen ändere?
2. War das Ergebnis nur ein Zufall? Oder kann ich mich fest darauf verlassen, dass es immer eintritt?

Eine typische Versuchsreihe kleinerer Kinder zur ersten Frage ist: Geht mehr kaputt, wenn ich fester werfe?
Ein Beispiel für die zweite Frage könnte sein: Geht jeder

Luftballon kaputt, wenn ich mit einer Nadel hineinpike.

Wer mit jungen Forschern unter einem Dach lebt, braucht bisweilen gute Nerven.

Dem Geheimnis von Ursache und Wirkung auf die Spur kommen.

Es ist, wie gesagt, nicht immer gleich zu erkennen, welchem Zweck ein Versuch dient. *Ein Beispiel:* Die Erzieherin im Kindergarten sieht den kleinen Franz mit einem Buntstift hantieren. Allem Anschein nach planlos haut und klopft er mit dem Stift auf der Unterlage herum. Die Erzieherin möchte Franz gern mit dem sachgerechten Gebrauch eines Stiftes vertraut machen und setzt sich zu ihm. Sie nimmt einen zweiten Stift und fährt damit auf der Unterlage herum, um Franz zu zeigen, wie der Stift schöne rote Linien auf dem Papier hinterlässt. Franz beeindruckt das nicht. Er schaut nur kurz hin und nimmt gleich das Geklopfe wieder auf. Nun ergreift die Erzieherin freundlich seine Hand, dreht den Stift zurecht und führt sie über das Blatt. Dabei ermutigt sie ihn, selbst zu malen. Sobald sie seine Hand aber freigibt, fängt er wieder mit dem Geklopfe an. Das wiederholt sich ein paar Mal, bis die Erzieherin frustriert aufgibt.

Ein Buntstift taugt nicht nur zum Malen!

Franz ist weder begriffsstutzig noch störrisch. Nur: In diesem Moment interessiert er sich vorrangig für einen anderen Verwendungszweck des Stiftes. Er hat entdeckt, dass man mit dem Stift ein reizvolles Geräusch erzeugen kann, wenn man ihn rhythmisch auf die Unterlage haut. Das ist für Franz im Augenblick ungleich spannender, als Striche mit ihm zu ziehen. Ein andermal wird er erkunden, wie sich ein Stift zum Malen verwenden lässt. Wenn er es nicht ohnehin schon längst weiß.

Wer Kindern beim Experimentieren zuschaut, dem sei Neugier und geduldige Zurückhaltung ans Herz gelegt.
Kinder haben nicht nur andere Interessen, wie im Beispiel von Franz, auch in ihrer Vorgehensweise unterscheiden sie sich von Erwachsenen. Während Erwachsene darauf bedacht sind, möglichst rationell an bestimmte Informationen zu kommen, verschwimmen bei Kindern die Grenzen zwischen zweckdienlichem Experiment und Spiel.
John Holt erzählt, was passiert, wenn er sein Cello mit in den Unterricht nimmt und die Kinder darauf spielen lässt:

Auf dem Weg von Spiel zum Experiment.

»Abgesehen von den schüchternen, die nur ein paar halbherzige Striche mit dem Bogen machen und dann weggehen, attakkieren fast alle kleinen Kinder das Cello auf die gleiche Art. Sie tun gleich drei Dinge auf einmal. Sie setzen die Maschine in Bewegung. Sie freuen sich über die Gelegenheit, Töne erzeugen zu können. Und sie machen wissenschaftliche Experimente. Sie beginnen damit, den Bogen heftig über den Saiten hin- und herzubewegen. Dabei bleiben sie ziemlich lange. Das neue Gefühl und die Töne sind einfach aufregend. Dann fangen sie an, das Bogenstreichen ein wenig zu variieren, verschiedene Rhythmen zu probieren. Nach einer Weile bewegen sie den Bogen so, dass er mehr als eine Saite berührt, oder sie gehen zu einer anderen Saite über. Wichtig erscheint mir dabei zu bemerken, dass sie dies die ersten paar Male nicht im Sinn eines Experiments tun, um herauszufinden, was passiert. Sie tun es einfach um der Abwechslung willen.«

Man kann sich denken, dass es sehr lange dauert, bis Kinder auf diese Weise lernen, gezielt Töne auf dem Cello zu erzeugen. Holt beobachtet sie dabei und kommt zu dem Schluss: »Ein Wissenschaftler würde vielleicht sagen, dass das Kind, zusammen mit den nützlichen Informationen, eine Unmenge zufälliger, nutzloser Daten gesammelt hat. Ein ausgebildeter Wissenschaftler versucht immer, alle nicht relevanten Daten aus seinem Experiment zu entfernen. Er stellt an die Natur eine Frage und er möchte das Geräusch, die Störungen und zufälligen Ereignisse auf ein Minimum reduzieren, um die Antwort besser hören zu können. Aber ein Kind geht anders vor. Es ist daran gewöhnt, seine Antworten aus dem »Rauschen« zu erhalten. Immerhin wuchs es in einer fremden Welt auf, in der alles Geräusch ist und in der es nur einen winzigen Teil seiner Erfahrungen verstehen und ihren Sinn erkennen kann. Seine Art, das Cello oder auch andere Gegenstände, Maschinen, Gegebenheiten zu erkunden, besteht darin, erst einmal planlos eine Vielzahl von Reaktionen zu erzeugen, bis sich daraus Fragen entwickeln, die es lohnt, gezielt verfolgt zu werden.«

Die Kunst, aus dem Rauschen das Wichtige herauszufiltern.

Mit ihren Experimenten erfahren die Kinder nicht nur etwas über die Welt um sie herum. Sie erfahren gleichzeitig immer etwas über sich selbst. *Nämlich:* Welche Rolle spiele ich in dem Geschehen?

Kann ich etwas bewirken oder ist mein Einsatz vergeblich?

Wo kann ich etwas verändern? Wann bin ich machtlos? Kinder, die oft erfahren müssen, dass sie mit ihren Aktivitäten nichts bewirken, resignieren früher oder später. Wozu sich anstrengen, wenn es ja doch nichts nützt? Damit Kinder fähig werden, ihr Leben selbst in die Hand zu nehmen, brauchen sie schon früh die Erfahrung, dass es nicht einerlei ist, was sie tun. Die Bereitschaft, sich anzustrengen, kann nur entstehen, wenn es ihnen oft genug gelingt, aus eigener Kraft ihre Ziele zu erreichen. Das erfüllt sie mit Stolz und stärkt ihr Selbstwertgefühl.

Einfluss nehmen zu können stärkt das Selbstwertgefühl.

Im Folgenden finden sich eine Reihe von Anregungen und Anleitungen zu Experimenten, die alle etwas gemeinsam haben: Sie lenken die Aufmerksamkeit auf den Zusammenhang von Ursache und Wirkung.

1. Was passiert wenn ich mehr Sand nehme, mehr Anschubs gebe, weniger drücke...?
2. Was muss ich tun, um einen bestimmten Effekt zu erzielen? Wie muss ich den Draht verbiegen, damit das Männchen ins Gleichgewicht kommt?

Dieser Kreislauf von Probieren – Beobachten – Verändern – und wieder Probieren ist eine Art Denken mit den Händen. Im Verlauf dieses Prozesses entdecken die Kinder nach und nach, wie sie etwas gezielt bewirken können. Sie probieren erst unsystematisch herum, bis sie den Zusammenhängen von Ursache und Wirkung auf die Spur kommen.

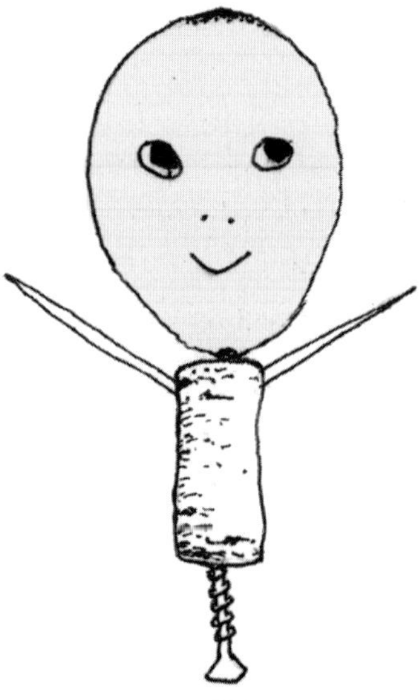

Beispiel Balanciermännchen

Für ganz einfache Modelle brauchen wir
- Gartendraht
- dicke Trinkhalme
- Holzspieße

Diese Balancierfiguren funktionieren wie Stehaufmännchen. Gibt man ihnen einen Schubs, fangen sie an zu kippen, kehren dann aber nach einiger Zeit wieder in ihre Ausgangslage zurück. Die Physiker nennen das »stabiles Gleichgewicht«. Solche Figuren tanzen und wippen auf einer Flasche, einem Bauklotz oder einem gespannten Faden. Ihr Geheimnis ist: Sie sind mit Hilfe möglichst tief hängender Gewichte ausbalanciert. Als Gewichte eignen sich Schrauben, Korken, Wäscheklammern. Entscheidend ist, dass sich die Gewichte unterhalb des Standpunktes befinden.

Was passiert wenn
- man die Gewichte nach außen biegt?
- seinen Balancierer auf die Fingerspitze setzt?
- du ein Gewicht an einen Faden hängst?

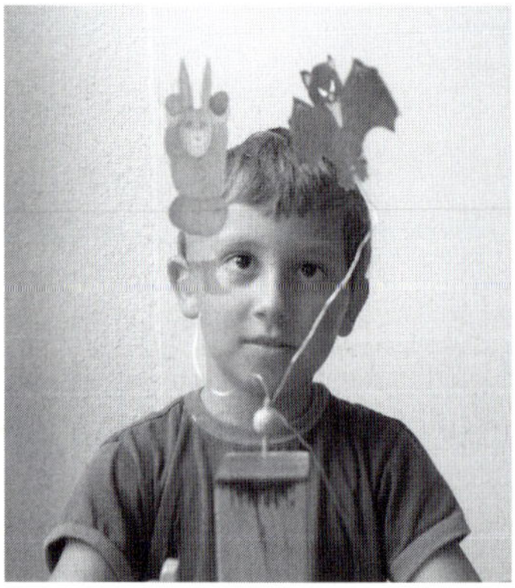

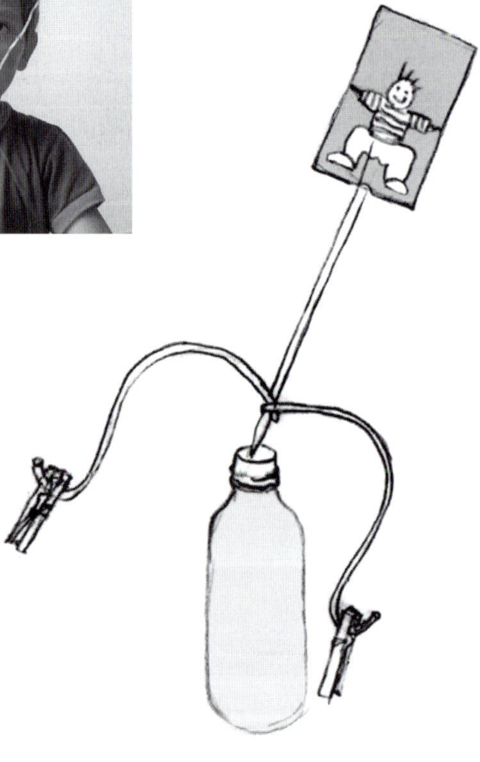

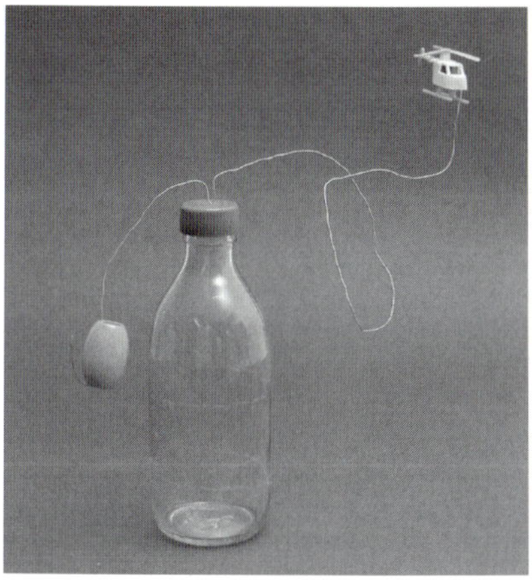

Wie man Balancierer baut, ist auf den Zeichnungen zu sehen. Das eigentliche Experimentieren besteht darin, die Figuren in ein stabiles Gleichgewicht zu bringen. Dazu kann man unter anderem die Anzahl und Größe der Gewichte ändern, die Drähte verbiegen, die Figur verändern.

Damit die Figuren in ihre Ausgangslage zurückpendeln, müssen bestimmte Bedingungen erfüllt sein.

Das Spielen und Experimentieren mit den Balanciermännchen öffnet Kindern Wege zu einer Vielzahl physikalischer Erfahrungen. Es verlangt von ihnen Aufmerksamkeit für Naturgesetze und einige elementare Prinzipien der Mechanik. Es geht um leicht und schwer.

Von großem Vorteil ist dabei: Der Schwierigkeitsgrad der Experimente lässt sich jederzeit auf das Alter und Geschick der Kinder abstimmen.

Stehaufmännchen

Ganz kleine Kinder entdecken das Prinzip Stehaufmännchen. Wenn ich die Figur aus ihrer Ruhelage kippe, kehrt sie schaukelnd in sie zurück.

Leicht und schwer

Die Regel: Je schwerer die Gewichte sind, desto verlässlicher kehren die Figuren in ihre Ausgangsposition zurück.

Volumen und Gewicht

Beim Experimentieren lernen die Kinder, dass schwer und groß nicht dasselbe bedeuten muss.

Es gibt kleine, schwere Dinge und solche, die groß und leicht sind.

Schwerpunkt und Gleichgewicht

Wichtiger als die Größe des Gewichtes ist seine Position.

Den Zusammenhang von Schwerpunkt und Gleichgewicht zu verstehen, gehört bereits zu den anspruchsvolleren Einsichten. Nur wenn sich die Gewichte unterhalb der Standfläche befinden, hat das Männchen überhaupt eine Chance, aufrecht zu stehen.

Feinjustierung

Die schwierigste Aufgabe besteht darin, die Figur nach den eigenen Wünschen auszubalancieren. Was muss ich tun, damit sie sich nach vorne lehnt oder nach hinten? Wie kann ich die Balance ausgleichen, wenn ich ihr ein Schirmchen in die Hand drücke?

Beispiel Kugelhupf

Wir brauchen
- mittelgroße Luftballons
- Gläser, kleine Schüsseln, Tassen, möglichst mit einem Rand
- einen stabilen Pappkarton oder Standordner etwa 30 x 20 x 10 cm
- ein Rohr, etwa 20 cm lang mit etwa 30 mm Durchmesser

Was nicht jeder weiß: Murmeln können nicht nur rollen. Wie auf einem Trampolin springen Glasmurmeln auf Fliesen, auf Marmorplatten oder einer straff bespannten Trommel. Für unsere Experimente bauen wir uns Minitrommeln, die mit einer Gummihaut bespannt sind.

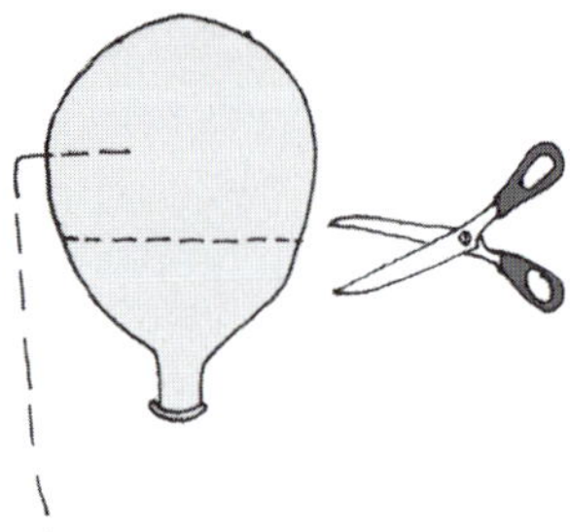

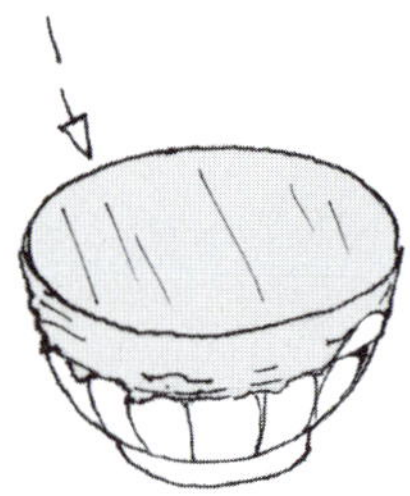

Eine musikalische Kugel

Von einem Luftballon schneiden wir das untere Drittel mit dem Mundstück weg und spannen den oberen Teil über eine kleine Schüssel oder ein Trinkglas. Das geht am besten mit einem Hel fer, der das Gefäß festhält.

Jetzt lassen wir eine Glasmurmel auf die Ballontrommel fallen. Sie schnellt wieder nach oben und hüpft dann ein paar Mal auf ihrem Trampolin, bevor sie auf dem Tisch landet. Dabei erzeugt sie ein helles Trommelgeräusch, das sich schwer beschreiben lässt.

Es gibt es einen Trick, mit dem man erreichen kann, dass die Kugel nicht von der Trommel springt, sondern dort auf und ab hüpft, bis sie schließlich zur Ruhe kommt. Dazu krempeln wir die Gummihaut an einer Stelle ein wenig über den Rand und drücken ein klein wenig Luft heraus, sodass die Gummihaut anschließend ganz leicht nach innen gedellt ist. Die Delle bewirkt, dass die Kugel vom Rand aus immer Richtung Mitte springt, und zwar so lange, bis sie dort schließlich zum Liegen kommt. Das Schauspiel endet mit einem Trommelwirbel, der sich schließlich anhört wie das Surren einer Nähmaschine.

Wer findet heraus?
Wie verhalten sich Kugeln unterschiedlicher Größe?
Springen Holzperlen anders als Stahlkugeln?
Wie verändert sich der Klang, wenn man ein größeres bzw. kleineres Gefäß nimmt?
Was passiert, wenn man mehrere Kugeln gleichzeitig hüpfen lässt?

Die Hüpf-Kugelbahn

Wenn wir die Kugel, wie auf dem Bild, von einer Rampe aus starten, springt sie im Bogen davon. Wir merken uns die Stelle, wo sie landet, und platzieren dort eine zweite Ballontrommel.

Gut geht es auch mit dem Kern einer Faxrolle, ungeeignet dagegen sind Haushaltsrollen. Ihr Durchmesser ist zu groß.

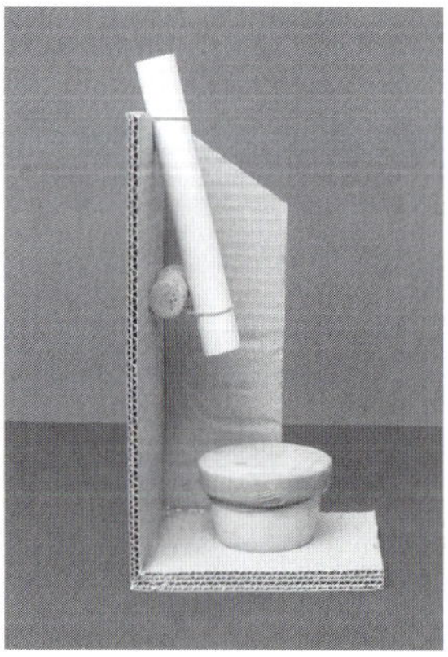

Noch ein paar Tipps: Wenn der Ballon nicht auf dem Rand des Gefäßes hält: einmal feucht das Trennmittel von der Innenseite abwischen.

Wieder lassen wir eine Kugel rollen. Trifft sie genau auf die zweite Trommel? Wie müssen die beiden Trommeln stehen, damit alle Kugeln verlässlich von der ersten auf die zweite springen? Genaues Hinschauen und Fingerspitzengefühl sind jetzt gefragt. Sobald es klappt, stellen wir eine dritte Trommel auf und verschieben sie so lange, bis die Kugeln sie erwischen. Klappt das auch noch mit einer vierten Trommel?

Die Ballontrommeln der Kugelbahn müssen ganz eben sein, anderenfalls springen die Kugeln unregelmäßig. Also darauf achten, dass die Bespannung sich nicht nach oben oder unten wölbt. Das Startrohr darf nicht zu dick sein, sonst rollt die Kugel im Rohr hin und her und ihre Flugbahn lässt sich nicht kontrollieren.

Die Experimente mit den Ballontrommeln lassen sich in verschiedene Richtungen erweitern und variieren. Die Trommeln eignen sich für Wettbewerbe: Wer schafft am meisten Stationen? Wessen Kugel hüpft am längsten? Geschicklichkeitsspiele: Wer kann die abprallende Kugel mit einem Becher auffangen? Trommelkonzerte: Mit hohen und tiefen Tönen und langsamen und schnellen Rhythmen. Alle Aktivitäten fördern das genaue Hinschauen, Einsichten in Ursache-Wirkung-Zusammenhänge und Fingerspitzengefühl.

Beispiel Kippelige Korken

Wir brauchen
- Korken
- Gewichte: Nägel, Schrauben, Muttern
- wasserfeste Pappe (z. B. Partyteller, leere Milchtüte)
- kleine Luftballons
- Minifahnen
- Schirmchen
- Pfeifenreiniger
- Styroporreste
- Zahnstocher
- eine kleine Säge
- wasserfeste Stifte
- eine Plastikwanne oder ein Aquarium

Aus den Materialien basteln wir ir zuerst eine Reihe lustiger Figuren – etwa so wie die auf den Bildern.

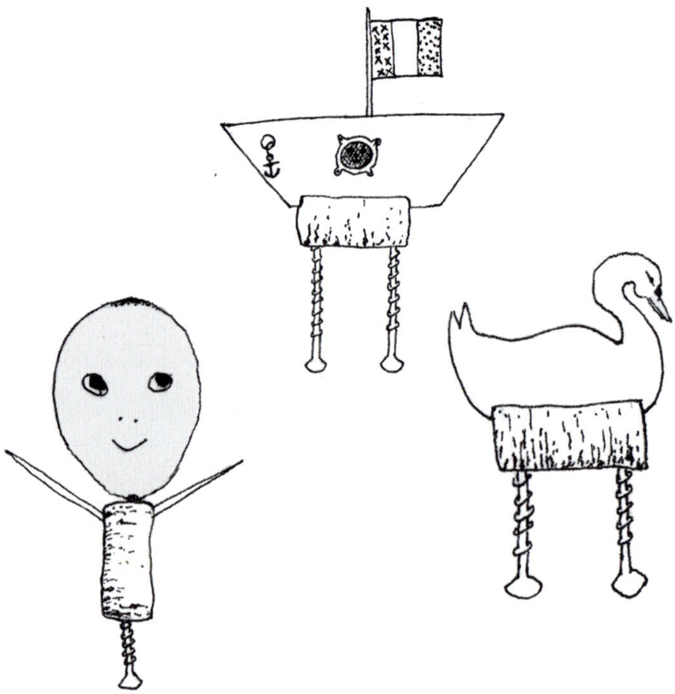

Wenn man die Korken mit einer Säge einschneidet, kann man bemalte oder bedruckte Pappstücke einfach in die Schlitze stecken. Als Köpfe eignen sich Luftballons mit aufgemalten Gesichtern. Auch die lassen sich leicht in den Schlitzen befestigen. Zum Schluss brauchen die Figuren noch Gewichte: Nägel oder Schrauben, die unten in die Korken gesteckt oder geschraubt werden. Die Gewichte sorgen dafür, dass die Figuren sich wie Stehaufmännchen immer aufrecht halten, wenn wir sie in die mit Wasser gefüllte Schüssel oder das Aquarium setzen.

Durch Probieren finden die Kinder selbst heraus, wieviele Gewichte jede Figur braucht und wo man sie am besten anbringt.

Die Aufgabe besteht darin, die Figuren so zu konstruieren, dass sie auch bei leichtem Seegang ihre Position bewahren. Drei physikalische Größen müssen dabei berücksichtigt und aufeinander abgestimmt werden: Gleichgewicht, Schwerpunkt und Auftrieb. Ist der Auftrieb zu gering, versinken die Schwimmer. Um den Auftrieb zu erhöhen, können wir einen besseren Schwimmkörper (zwei Korken, Styropor) nehmen oder wir befestigen weniger Gewichte an seiner Unterseite.

Jedoch: reduzieren wir die Gewichte, wandert der Schwerpunkt nach oben. Das hat zur Folge, dass die Figuren zwar schwimmen, aber leicht umkippen. Um Abhilfe zu schaffen, müssen wir jetzt dafür sorgen, dass die Aufbauten leichter werden, oder wir behalten das Gegengewicht bei und vergrößern den Auftrieb.

Gewicht und Balance müssen aufeinander abgestimmt werden.

Beispiel Flieger flieg

Wir brauchen
- weißes Papier
- Pfeifenreiniger
- Holzperle

Für die meisten Pflanzen ist es durchaus vorteilhaft, wenn ihre Nachkommen nicht genau dort aufwachsen, wo sie bereits ihre Wurzeln geschlagen haben. Deshalb hat sich die Natur eine Vielzahl raffinierter Techniken ausgedacht, die dafür sorgen, dass sich die Samen von Blumen und Bäumen möglichst gut und weit verbreiten können. Ein sehr taugliches Hilfsmittel ist dabei die Luft. Viele Samen sind wie Flugkörper konstruiert und nutzen die Luft und den Wind, um große Strecken zurückzulegen.

Es sind im Wesentlichen drei Flugtechniken, die wir in vielen Varianten auf der ganzen Welt wiederfinden.

Prinzip Fallschirm (Löwenzahn, Distel)
Ein gefiederter Schirm trägt den Samen, der Wind bestimmt die Richtung.
Prinzip Hubschrauber (Ahorn, Linde)
Die Drehbewegung eines Propellers verlängert die Fallzeit und der Wind kann sich den Flieger greifen.
Prinzip Gleiter (Ulme, Birke)
Der Gleiter braucht keinen Wind, er gleitet auf der Luft wie ein Segelflugzeug.

In unseren Experimenten werden wir diesen drei Flugtechniken auf die Spur kommen.

Den *Fallschirm* bauen wir aus einem Blatt Papier, einem Pfeifenreiniger und einer Holzperle. Wie das Blatt geschnitten und gefaltet werden muss, ist auf nebenstehender Skizze zu sehen.

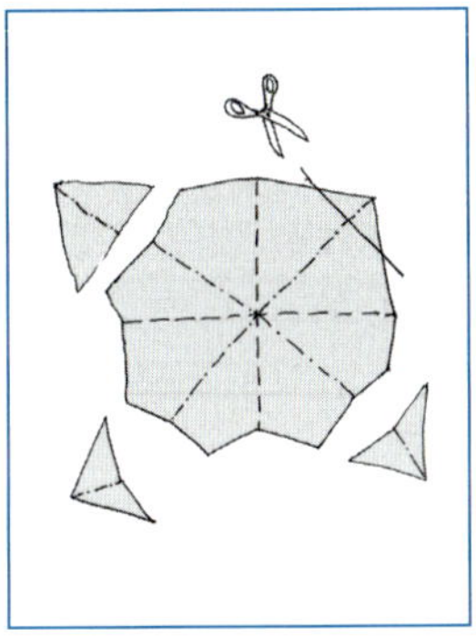

Wer findet heraus:
Wie lässt sich verhindern, dass der Schirm trudelt?
Wie startet man den Schirm am besten?
Wie schwer oder leicht muss das Gewicht sein, damit der Fallschirm optimal fliegt?

Den *Hubschrauber* basteln wir nach nebenstehendem Muster aus leichtem Papier. Gestrichelte Linien knicken, durchgezogene Linien einschneiden.

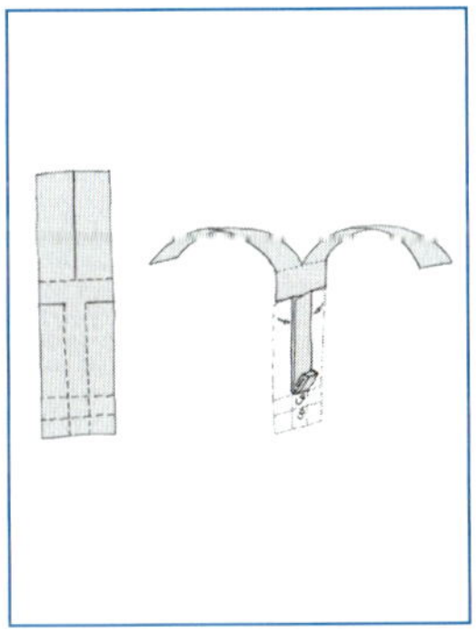

Wie muss man die Flügel knicken, damit der Wirbler optimal fliegt?
Wie startet man den Wirbler am besten?
Was passiert, wenn man den Wirbler unten mit einer Büroklammer beschwert?

Den *Gleiter* falten wir wie auf der Anleitung aus leichtem Papier. Er darf beim Start nicht geworfen werden. Am besten steigt man auf einen Stuhl oder auf eine Leiter und entlässt ihn leicht aus der Hand.

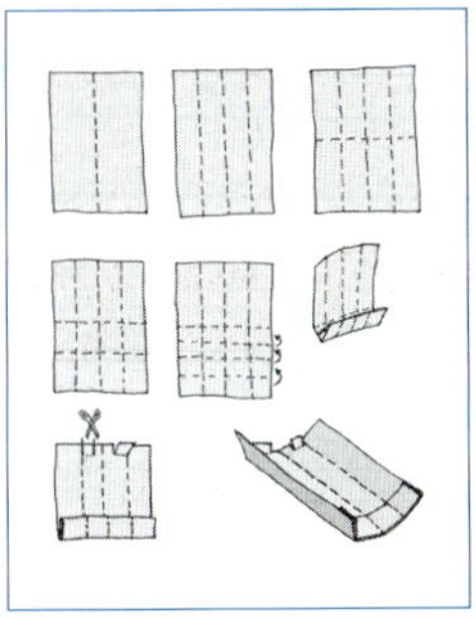

Wie hält man den Gleiter beim Start am besten?
Wie verhält sich der Gleiter bei Wind?
Wie lassen sich die Flugeigenschaften durch Höhenruder und Seitenruder beeinflussen?

All diese Experimente haben eines gemeinsam: Ihr Ende ist offen. Immer wieder tauchen Fragen auf, neue Möglichkeiten und Varianten, die es auszuprobieren gilt. In diesem Sinn sind die Anleitungen auch lediglich als Vorschläge zu verstehen und nicht als Vorschriften. Selbst wenn man sie getreu befolgt, ist nicht garantiert, dass sie zu einem optimalen Ergebnis führen. Flugzeuge sind sensible Apparate. Schon geringfügige Veränderungen beeinflussen ihre Flugeigenschaften. Wie wirkt es sich aus, wenn ich die Flügel anders knicke, leichteres oder schwereres Papier nehme, die Gewichte verändere? Mit etwas Geduld lässt sich das herausfinden.

Forschen mit Geduld und Fantasie.

Beispiel Rieseltheater

Wir brauchen
- einen mittelgroßen Pappkarton (eine Seite sollte mindestens 35 cm lang sein)
- Partyteller
- feinen Sand oder Körner (zum Beispiel Vogelsand, Hirse, Reis, Zucker)

Sand ist wahrscheinlich das älteste Spielzeug der Welt. Und wer Kindern beim Spiel im Sandkasten zuschaut, ahnt, dass er jeden modischen Spiel-Schnickschnack souverän überleben wird. Kein anderes Spielzeug hat für so viele Kinder so viel zu bieten. Vom Krabbelalter bis weit in die Schulzeit hinein.

Im Rieseltheater erforschen wir ein physikalisches Phänomen, das zwar jedem irgendwie vertraut, aber dennoch längst nicht vollständig entschlüsselt ist.

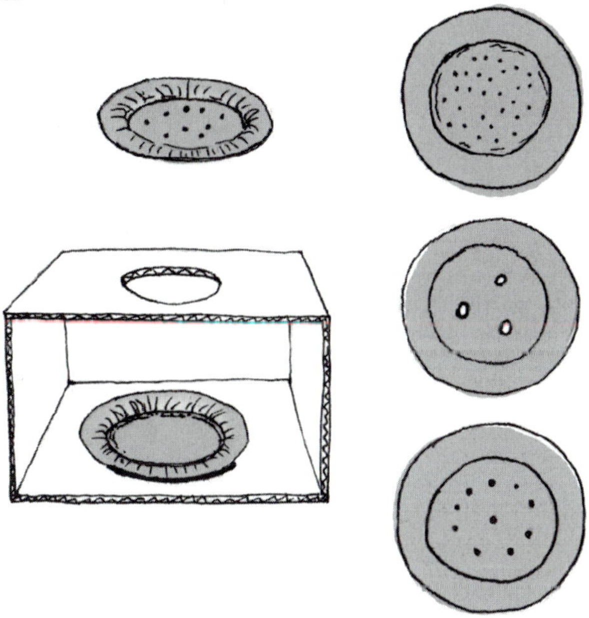

In eine Seite eines großen Kartons schneiden wir eine Öffnung mit einem Durchmesser von etwa 18 cm, diese Seite kommt nach oben. Vorne muss der Karton offen sein. Die Bühne ist fertig.

Jetzt durchbohren wir einige Pappteller in der Mitte. Jeder Pappteller bekommt ein anderes Muster. Kleine Löcher, große Löcher, viel Löcher, wenig Löcher. Einen Teller setzen wir auf die Öffnung. Die Vorstellung kann beginnen. Aus einem Gefäß schütten wir Sand auf den Teller. Sofort rieselt er durch die Löcher. Dicke und dünne Fäden ziehen sich von der Decke zum Kartonboden und türmen sich dort zu spitzen Hügeln auf.

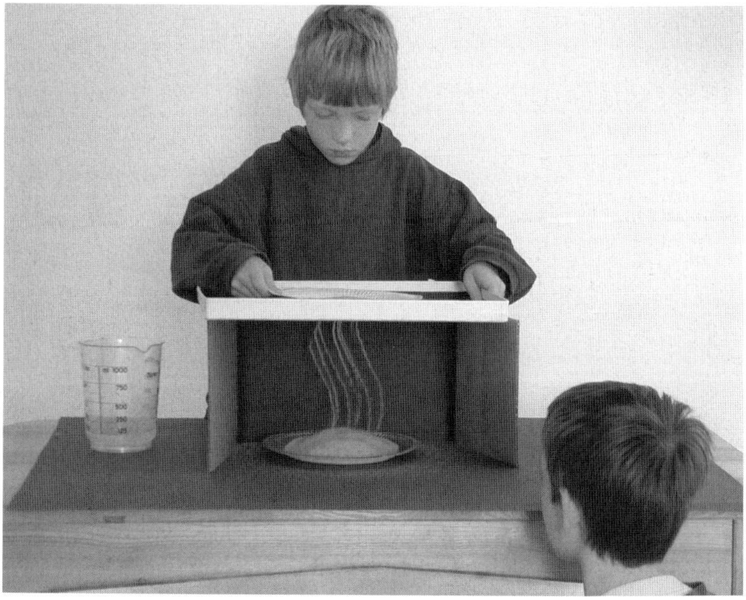

Wer findet heraus:
Was passiert, wenn man große Löcher in den Teller macht?
Was passiert bei kleinen Löchern?
Was passiert, wenn man Kaffeepulver, Zucker, Reis, Hirse nimmt?

Beim Aufschütten von Salz, Getreide, Sand, Mehl entsteht ein so genannter Schüttkegel. Wie steil die Wände des Kegels sind, und wann sie ins Rutschen kommen hängt vom Material ab. Mehl verhält sich anders als Sand und trockener Sand anders als nasser Sand. Interessanterweise haben die Wände des trichterförmigen Lochs, das oben entsteht, die gleiche Schräge wie die Seiten des Hügels, der sich unten auftürmt.

Jedes Material hat seinen eigenen Böschungswinkel, so wird die Schräge genannt, bei der der Hügel nicht ins Rutschen kommt. Etliche Pyramiden der Ägypter sind zusammengebrochen, weil die Baumeister den Böschungswinkel ihrer Steine nicht kannten. Ihre Entwürfe hatten zu steile Wände.

Wie sich Sand und andere Materialien beim Aufschütten verhalten, können wir in unserem Rieseltheater gut beobachten und untersuchen.

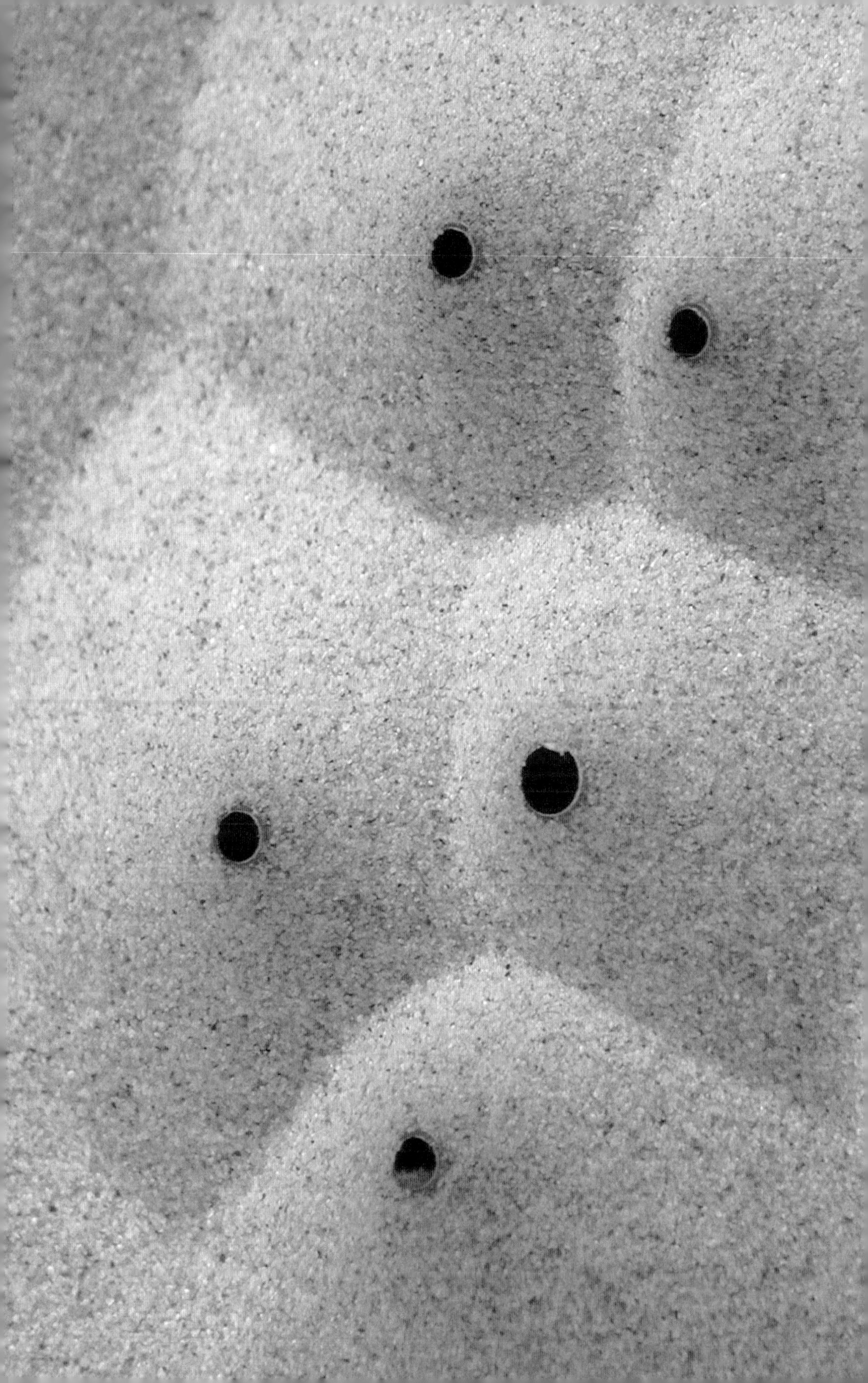

Beispiel Flaschentaucher

Wir brauchen
- durchsichtige Getränkeflaschen aus Plastik (0,5l bis 1,5l)
- Parfümprobefläschchen oder Backaromafläschchen oder leere Tintenpatronen
- Musterbeutelklammern
- Trinkhalme
- Wattestäbchen
- Reißzwecken

Die Tauchfiguren sind schnell hergestellt. Wir biegen eine Musterbeutelklammer auf und schieben sie in das Probenfläschchen. Wer mag, malt noch mit wasserfestem Filzstift ein Gesicht oder einen Taucher darauf.

Die Getränkeflasche wird mit Wasser gefüllt. Sie sollte kein Etikett und möglichst auch keine Rillen haben. Das Fläschchen kommt mit der Öffnung nach unten hinein, dann wird sie verschlossen.

Jetzt drücken wir die Flasche zusammen. Wenn alles seine Richtigkeit hat, müsste sich der Taucher sogleich auf den Weg nach unten machen. Lassen wir mit dem Druck nach, steigt er wieder auf.

Mit etwas Übung können wir ihn richtig tanzen lasssen. Falls der Taucher nicht reagiert und oben bleibt, ist er zu leicht. Wir können etwas Wasser hineinfüllen oder ihn mit einer weiteren Klammer beschweren. Wenn der Taucher gleich abtaucht, ist er zu schwer. Wir kontrollieren, ob er zu viel Wasser im Körper hat. Vielleicht müssen wir auch eine andere, kleinere Musterklammer nehmen. Versuch macht klug.

Leichter regulieren lassen sich die Taucher aus Trinkhalm und Wattestäbchen und Reißbrettstiften. Das Bild zeigt, wie sie gebaut werden. Zieht man am Wattestäbchen, wird der Hohlraum größer und der Taucher leichter, drückt man es hinein, wird er schwerer.

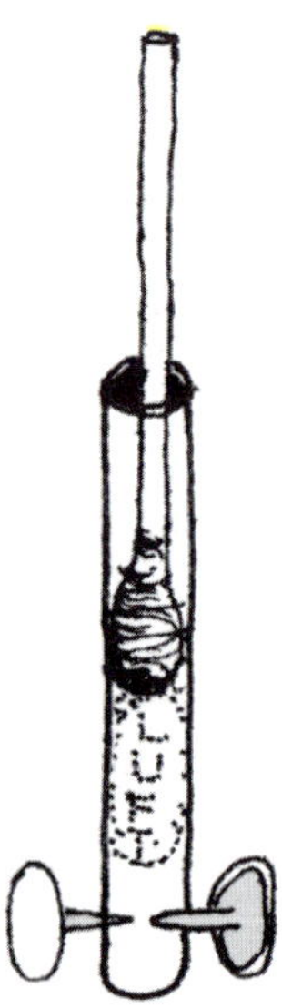

Das historische Vorbild für unsere Taucher ist ein gläserner Flaschenteufel, eine mundgeblasene, hohle Glasfigur mit einer kleinen Öffnung am Schwanzende. Wird Druck auf die Flasche ausgeübt, dringt etwas Wasser durch die Öffnung in die Figur ein. Sie wird schwerer und sinkt. Lässt der Druck nach, kann man deutlich sehen, dass sich die Luftblase vergrößert. Folglich wird Wasser aus der Öffnung gedrückt. Jetzt ist die Figur wieder leichter und steigt nach oben. Das ist das ganze Geheimnis.

Damit die Figuren in ihre Ausgangslage zurückpendeln, müssen bestimmte Bedingungen erfüllt sein.

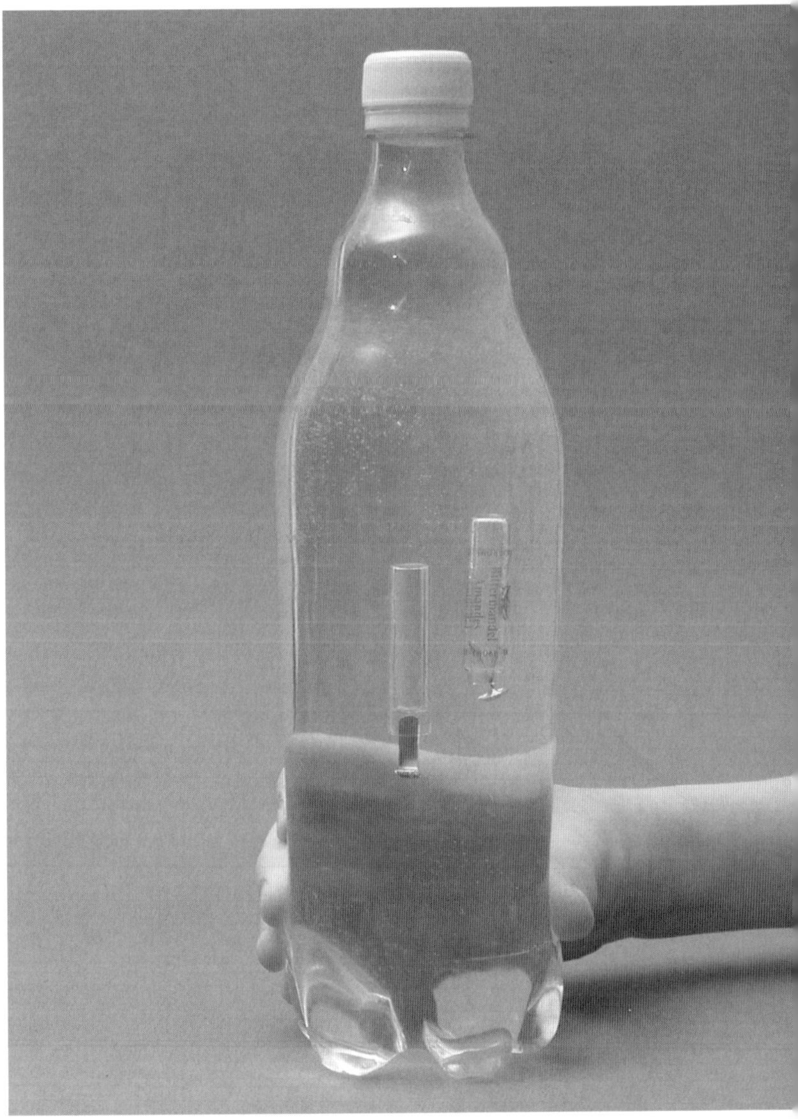

5) Ich beobachte und staune

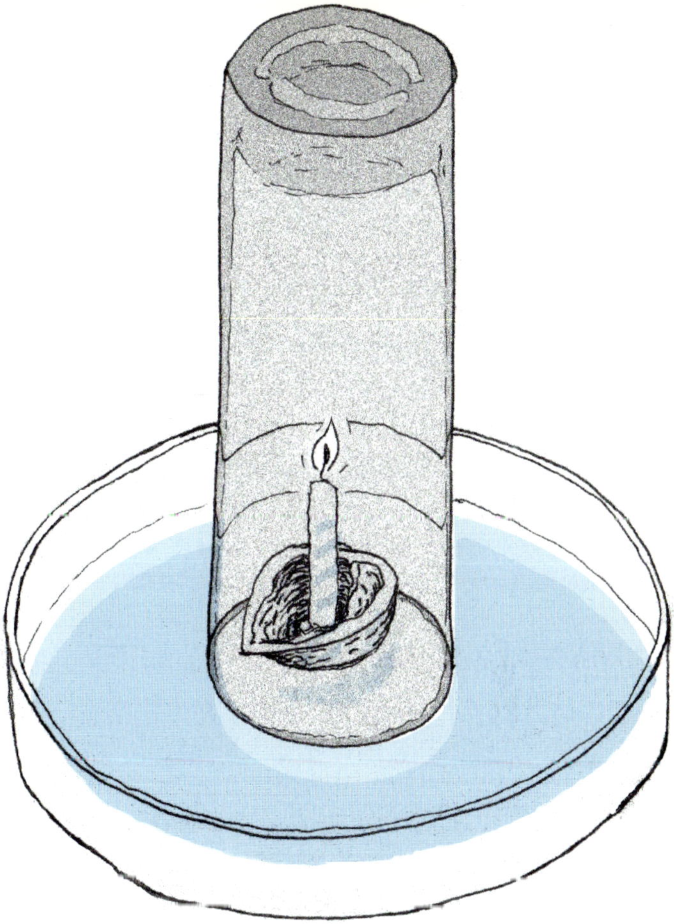

» Ich schaue in den Spiegel und sehe einen Spiegel und in dem Spiegel sehe ich wieder einen Spiegel und in dem Spiegel wieder einen. Wie viele mögen das sein?

Wieso schwimmt die Büroklammer, die ist doch aus Eisen. Kann ich die Reißzwecke auch schwimmen lassen?

Ich habe Rosinen in das Glas mit Sprudelwasser getan. Sie fangen an zu tanzen. Sie sinken nach unten und steigen wieder auf. Warum bleiben die Nudeln unten? Jetzt probier ich es mit Erbsen.

Kann Wasser bergauf fließen? Ich glaube nicht. Oder doch? Ich baue einen Turm aus Zuckerwürfeln. Er steht in einer Untertasse. Dann gieße ich Kaffee in die Untertasse. Ich kann genau sehen, wie der Kaffee nach oben steigt, bis der Zuckerturm zusammenbricht.
Warum schillern die Seifenblasen in allen Farben? Gibt es eckige Seifenblasen? «

In fast allen Physik- und Experimentierbüchern steht folgender einfache und verblüffende Versuch: Man befestigt eine kleine Kerze in einer Untertasse und füllt diese mit Wasser, grad so, als solle die Kerze ein Fußbad nehmen. Jetzt brauchen wir noch ein Trinkglas, das ein gutes Stück höher ist als die Kerze. Wir entzünden die Kerze, warten kurz und stülpen dann das Glas darüber, sodass es mit seinem Rand im Wasser steht. Was passiert? Nach kurzer Zeit wird die Flamme blasser und erlischt schließlich. Unterdessen füllt sich das Glas mit Wasser, so, als würde es hineingesaugt.

Wo bleibt der Sauerstoff, wenn die Kerze erloschen ist?

In der Regel soll dieser Versuch zeigen, dass die Kerzenflamme den Sauerstoff im Glas verbraucht. An die Stelle des verbrauchten Sauerstoffs strömt das Wasser. So plausibel das zunächst klingt, so unsinnig ist diese Erklärung. Richtig ist, dass die Kerzenflamme nur so lange brennt, wie Sauerstoff im Glas ist. Der Sauerstoff verschwindet aber nicht spurlos beim Verbrennen. Er verbindet sich mit den Kohlenstoffmolekülen des Kerzenwachses, dabei entsteht das Gas Kohlendioxid.

Kohlendioxid braucht aber fast genauso viel Platz im Glas wie zuvor der Sauerstoff. Trotzdem strömt Wasser ins Glas. Warum? Die Erklärung ist einfach: Nachdem die Flamme erloschen ist, kühlt sich das Gasgemisch im Glas ab. Dabei zieht es sich zusammen, braucht also weniger Platz. Es entsteht Unterdruck und Wasser wird ins Glas gesaugt. Wenn wir genau hinschauen, stellen wir fest, dass dies erst passiert, nachdem die Flamme erloschen ist, und nicht, während sie den Sauerstoff verbraucht. Auch ohne genaue Kenntnis der chemischen Vorgänge sollte uns allein diese Beobachtung an der gängigen Erklärung zweifeln lassen, der zufolge der verbrauchte Sauerstoff durch Wasser ersetzt wird.

Wie kommt es, dass eine so offenkundig falsche Erklärung so weit verbreitet ist und sich so hartnäckig halten kann? Vermutlich liegt es daran, dass wir uns gern allzu schnell mit vordergründigen Antworten zufrieden geben, sobald die belebte oder unbelebte Natur Fragen an uns stellt. Wir verfügen über einen soliden Fundus von Halbwissen, Alltagstheorien, populären Irrtümern und Resten von Schulwissen, der uns darüber hinwegtäuscht, dass wir eigentlich doch nicht so genau wissen, was da eigentlich vor sich geht. Wie bildet sich ein Regenbogen? Wieso kann ein Flugzeug fliegen? Wie kommen die Bläschen in den Sprudel? Sobald wir eine Erklärung parat haben, können wir die Frage beiseite legen. Das beruhigt. »Was die Leute nicht verstanden haben, das glauben sie noch am ehesten«, stellt ein französischer Kommunikationsforscher fest.

Wir leben in einer Antwortgesellschaft, hat kürzlich ein Bildungspolitiker gesagt, in der Fragen leicht den Beigeschmack von Unwissenheit und Inkompetenz haben. Ein Dozent der Uni Frankfurt hat in einem Seminar seine angehenden Grundschullehrerinnen und -lehrer befragt: Wieso ist es im Winter kälter als im Sommer? Die Antworten waren abenteuerlich. Nur zwei konnten den Sachverhalt vollständig darstellen. Bei den anderen waren nur mehr oder weniger große Bruchstücke hängen geblieben: Abstand zur Sonne, Erdumdrehung, Erdachse, Umlaufbahn. Diese konnten sie aber nicht in einen richtigen Zusammenhang bringen. Kein Einziger hat sich getraut zu sagen: Ich weiß es nicht.

Schlimmer als das Nichtwissen ist das vermeintliche Wissen, das Halbwissen, das dazu verführt, nicht weiter nachzufragen und nicht länger genau hinzuschauen. Bekanntlich bleiben Fragen länger im Gedächtnis als Antworten. Sie sind der Motor, weiterzuforschen und neue Fragen zu stellen. Deshalb führt der Weg zum naturwissenschaftlichen Denken über das Staunen.
Zum Staunen gehört eine spürbare Verunsicherung. Mein bisheriges Wissen, meine gedanklichen Konzepte reichen nicht aus, das, was gerade geschieht, vollständig einzuordnen. Es bleibt ein Rest, eine Spannung, die aber nicht als unangenehm erlebt wird. Denn Staunen ist eher ein positives Gefühl. Es ist mit Neugier, Aufmerksamkeit, Liebe und Achtung verbunden.

Die Pädagogin Annemarie Schulte-Janzen schreibt: »Kurzfristig setzt Staunen ein zielgerichtetes Verhalten in Gang – das Fragen sowie ggf. Berühren und Untersuchen der Sache. Langfristig zeigt sich das Staunen in der Fähigkeit, nichts als gegeben hinzunehmen, Dinge zu hinterfragen, aktiv Probleme anzugehen, nicht passiv zu sein und nicht eher Ruhe zu geben, bis die Begriffsbildung abgeschlossen ist. Voraussetzungen für Staunen sind eine aktive, sinnliche Wahrnehmung, verknüpft mit

Dem Staunen folgen das Fragen, Berühren und Untersuchen.

produktivem Denken, das heißt mit der Fähigkeit, Beziehungen zu bereits vorhandenen Erkenntnissen und Begriffen zu sehen und zu vergleichen. Kommunikationsbereitschaft mit anderen kommt hinzu.

Erfahrungen vermitteln aus fehlenden Lebensbereichen.

Staunen kann man nur über Sachen aus dem eigenen Erfahrungsbereich, der Lebenswirklichkeit und solchen Dingen, die Anknüpfungspunkte zu diesem haben bzw. es müssen Vergleichsmöglichkeiten gegeben sein. Aufgabe der Schule ist es nun, den Kindern fehlende Lebensbereiche näher zu bringen und ihnen dabei Erfahrungen mit diesen zu ermöglichen« (unveröffentlichtes Manuskript).

Die Experimente auf den folgenden Seiten sollen bei Kindern und Erwachsenen Neugier und Interesse wecken. Sie sollen nichts erklären oder beweisen, sondern anregen zum Staunen und Spekulieren. Es kommt nicht darauf an, dass wir den Kindern naturwissenschaftlich korrekte Erklärungen anbieten. Viel reizvoller ist es, mit ihnen über ihre und unsere eigenen Vermutungen zu sprechen.
Wieso kann eine Büroklammer schwimmen?

Wenn Kinder vorschnell und unverdaut die Belehrungen der Erwachsenen übernehmen sollen, löst das in ihren Köpfen oft nur Verwirrung aus. *Ein Beispiel:* Die Sonne geht am Morgen auf, abends geht sie unter. An wolkenlosen Tagen können wir verfolgen, wie sie über den Himmel wandert. So unsere Beobachtung und unser Sprachgebrauch. Wem eigentlich ist damit geholfen, dass wir kleinen Kindern nun beibringen, es sei dem gar nicht so; dass in Wirklichkeit die Sonne still steht, während sich die Erde um ihre Achse dreht. Gibt es einen Erwachsenen, der in der Lage ist, sich diesen Sachverhalt zu vergegenwärtigen, während vor ihm die Sonne glutrot im Meer versinkt? Aller Augenschein spricht dagegen, dass die Sonne still steht und wir uns mitsamt der Erde von ihr wegdrehen. Was für eine gewaltige Leistung war es da von Kopernikus, die Sonne als ruhendes Zentrum unseres Planetensystems zu denken. Das sollen unsere Kinder in einer Unterrichtstunde so nebenbei erledigen.

Schein-Kopernikaner nennt Wagenschein die Schulkinder und erzählt folgende Geschichte: Ein Mädchen aus dem Dorf Münse wechselt im ersten Schuljahr Wohnsitz und Schule.

Einmal sagt der neue Lehrer: »Die Sonne geht auf.« Das Mädchen meldet sich und merkt an, vermutlich nicht einmal, um zu widersprechen, sondern aus Treue zum ersten Lehrer und ihrem Heimatdorf: »Bei uns in Münse dreht sich aber die Erde.«

Auch die Experten haben längst nicht auf alle Fragen erschöpfende Antworten. Mathematiker beschäftigen sich unermüdlich mit den Minimalflächen, die bei Seifenblasen und Seifenhäuten entstehen. Sandberge und Böschungswinkel sind bevorzugte Objekte der aktuellen Chaosforschung. Auch die wunderlichen Kapillarkräfte, die scheinbar der Schwerkraft trotzen, haben ihre Geheimnisse noch nicht restlos preisgegeben.

In jeder Vermutung, die wir anstellen, stecken Annahmen, die wir theoretisch oder praktisch überprüfen können. Wenn die Kerze den Sauerstoff verbraucht, müsste währenddessen Wasser ins Glas strömen. Das Wasser dringt aber erst ein, nachdem die Flamme erloschen ist, und dann ziemlich plötzlich. Eine andere Beobachtung führt auf die richtige Spur. Wenn wir das Glas zügig von der Seite über die Kerze stellen, blubbert erst mal Luft unterm Rand hervor. Warum? Weil die Luft erwärmt wird und sich ausdehnt. An diesen Sachverhalt lässt sich eine Reihe weiterer Überlegungen und Versuche anschließen.

Die Phänomene der belebten und unbelebten Natur erschließen sich Kindern nur im Handeln. Anderenfalls bleiben die Zusammenhänge unbegriffen. Wenn Kinder nur die Erklärungen nachplappern, die Erwachsene ihnen aufgesagt haben, haben sie vielleicht etwas auswendig gelernt, aber sie haben nichts verstanden.

Beispiel Tropfenspender

Wir brauchen
- Schwammtuch
- Wassergläser
- farbige Tinte
- Holzklötze
- Trinkhalme
- eine Schere

Wir schneiden von einem Schwammtuch – wie man es zum Wischen und Putzen in Bad und Küche braucht – einen schmalen Streifen ab. Nachdem wir ihn gut durchfeuchtet haben, hängen wir ein Ende in ein Tintenfass oder Schnapsglas mit gefärbtem Wasser. Unter das andere Ende stellen wir ein Glas mit klarem Wasser. Das geht natürlich nur, wenn das kleine Glas erhöht auf einem Sockel steht – so wie auf dem Bild auf Seite 100. Stabiler wird unser Tropfenspender, wenn wir den Schwammtuchstreifen durch ein Stück Trinkhalm mit Knick ziehen, wie es auf der Zeichnung unten zu sehen ist.

Jetzt brauchen wir nur ein klein wenig Geduld, dann können wir beobachten, wie das gefärbte Wasser aus dem oberen Glas gesaugt wird und in das untere Glas tropft.

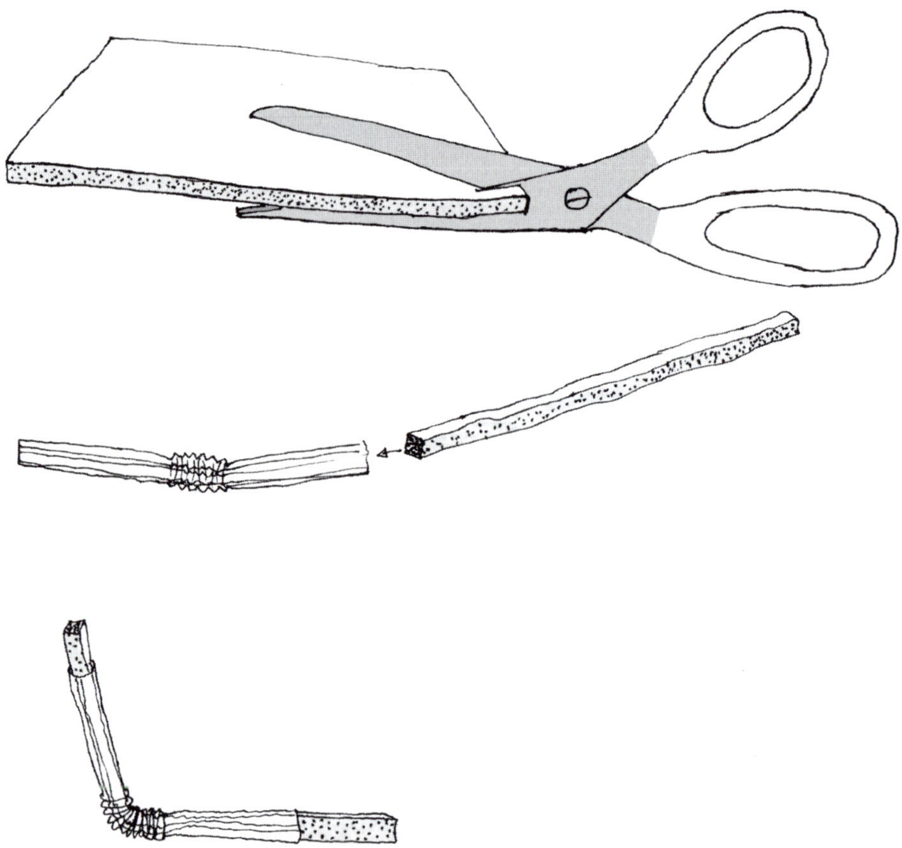

In diesem einfachen Versuch begegnen uns gleich drei bedeutsame Naturerscheinungen. Das Heberprinzip, der Kapillareffekt und das Phänomen der Wirbelbildung.

Das *Heberprinzip* nutzen wir zum Beispiel, um ein Aquarium zu leeren. Wir hängen einen Schlauch über den Rand, saugen kurz an der Austrittsöffnung und lassen das Wasser in einen tieferstehenden Behälter fließen. Das Erstaunliche dabei ist, dass das Wasser erst mal ein gutes Stück bergauf fließt, bevor es die Talfahrt antritt. Das Ganze funktioniert aber nur – genau wie unser Tropfengeber –, sofern das zweite Gefäß tiefer steht als das erste.

Auch der *Kapillareffekt* ist uns aus dem Alltag vertraut. Ihm haben wir zu verdanken, dass Wischtücher, Löschblätter, Schwämme die zweckmäßige Fähigkeit besitzen, Flüssigkeiten aufzusaugen. Kapillareffekte treten immer dort auf, wo eine Flüssigkeit auf feine Röhren oder schmale Zwischenräume trifft. Alle Pflanzen nutzen diese Kräfte. Wie könnte es ihnen sonst gelingen, ohne Pumpe Wasser und Nährstoffe von den Wurzelenden bis in die letzten Blattspitzen zu verteilen? Kapillarkräfte trotzen der Schwerkraft. Während der Zuckerwürfel die Kaffeepfütze aus der Untertasse saugt, sieht man deutlich, wie die Flüssigkeit im Zucker aufsteigt. Kapillareffekte können auch ausgesprochen lästig sein. Sie sind dafür verantwortlich, dass Wasser in feinste Ritzen eindringt und das Mauerwerk zerstört oder dass ein Handtuch, das über den Rand der Badewanne hängt, den Inhalt auf den Fußboden entleert.

Welche geheimnisvolle Kraft saugt den Kaffee in den Zuckerwürfel?

Das dritte Phänomen, die *Wirbelbildung*, können wir zum Beispiel beobachten, wenn wir Milch in unseren schwarzen Kaffee geben. Wirbel treten überall auf, wo eine Flüssigkeit oder ein Gas in Bewegung gerät. Sie spielen bei der Entstehung von Wolken eine Rolle, beinflussen die Flugeigenschaften eines Flugzeugs und können gefährliche Stromschnellen auslösen. Besonders eindrücklich zeigen sie sich, wenn wir Tinte in ein Glas mit klarem Wasser tropfen.

Die Physik, die hinter allen drei Phänomenen steht, ist recht kompliziert und wir können uns damit trösten, dass sie auch den Forschern noch Rätsel aufgibt. Das sollte uns aber nicht davon abhalten, mit Kindern über ihre Vermutungen und Beobachtungen zu sprechen.

»Das Schönste, was wir erleben konnen, ist das Geheimnisvolle. Wer es nicht mehr kennt und sich nicht mehr wundern, nicht mehr staunen kann, der ist sozusagen tot und sein Auge erloschen.«

Albert Einstein

BEISPIEL Bohnen mit Sprengkraft

Keimende Bohnen oder Erbsen verfügen über unheimliche Kräfte. In einer alten Blechdose oder einem großen Plastikbecher rühren wir den Gips an. Wie das geht, steht auf der Packung. Der Gips sollte zähflüssig sein, sich aber noch gut gießen lassen. Wenn er zu zäh ist, geben wir noch etwas Wasser dazu.

Jetzt nehmen wir eine Hand voll Erbsen oder Bohnen und verrühren sie mit dem Gips. Dann füllen wir das Bohnen-Gips-Gemisch in einen Plastikbecher.

Nun brauchen wir ein wenig Geduld, denn zuerst tut sich gar nichts. Aber schon nach einem Tag bilden sich Risse im Gips, Nach drei bis vier Tagen können wir die ersten Keimlinge sehen und schließlich sprengen die keimenden Bohnen sogar den Becher. Schneller geht es, wenn wir den Gips von Zeit zu Zeit mit einem Blumensprüher befeuchten.

Wir brauchen
- eine Tüte Gips
- einen Becher oder eine Dose zum Anrühren
- durchsichtige Plastikbecher
- Bohnen, Erbsen oder Mungobohnen

(Auf den Bildern sieht man Mungobohnen, die gibt es im Reformhaus, im Bioladen oder in der Bio-Ecke vom Supermarkt.)

Was geht hier vor? Die Bohnen bestehen wie alle Pflanzen aus vielen kleinen Zellen. Diese können enorm viel Wasser aufnehmen. Sie saugen das Wasser auf wie ein Schwamm und werden größer und praller. Der Druck, der dabei entsteht, ist so groß, dass Keimlinge sogar den Teerbelag einer Straße sprengen können.

»Wer aber staunt, ist aufgestöbert aus dem Einerlei alltäglichen Erlebens.«

Hans Schiefele

BEISPIEL Pulver mit Pustekraft

Wir brauchen
- eine kleine Glasflasche
- einen Luftballon
- Backpulver
- Essig

Wir füllen ein wenig Wasser in eine kleine Flasche. Dann geben wir zwei Teelöffel Backpulver dazu und anschließend einen guten Schuss Essig. Jetzt ganz schnell einen Luftballon über die Flaschenöffnung ziehen, die Flasche gründlich schütteln und beobachten, was dann passiert.

Sobald wir den Essig dazugegeben haben, können wir beobachten, wie es in der Flasche zu schäumen beginnt. Es bilden sich unzählige winzige Blasen. Sie sind es, die den Luftballon aufpusten.

Es sieht fast so aus, als würde sich der Luftballon von allein aufpusten, ein Stück jedenfalls. Es ist aber keine Zauberei im Spiel, sondern nur ein bisschen Chemie.

Das Backpulver reagiert mit dem Essig (Base + Säure). Dabei entsteht das Gas Kohlendioxid. Es füllt die Flasche und schließlich den Ballon.

Der Effekt ist noch eindrucksvoller, wenn man den Ballon vorher einmal aufgepustet hat. Dann ist er elastischer und dehnt sich leichter aus.

Beispiel Die Nudel im Sprudel

Wir brauchen
- ein großes Glas
- Sprudelwasser
- Nudeln
- Rosinen
- Apfelstücke
- Linsen
- Erbsen
- Cashew-Kerne
- Mandelstifte

Wir füllen reichlich Sprudelwasser in ein großes Glas. Je mehr es sprudelt, desto besser. Nun geben wir einige Rosinen dazu. Was passiert? Einige Rosinen trudeln zum Grund. Sie bleiben dort aber nicht lange. Nach einiger Zeit steigen sie wieder auf und dann beginnt das Spiel von Neuem.

Das funktioniert nicht nur mit Rosinen. Auf die gleiche Weise können wir verschiedene Samen, Nüsse, Fruchtstücke, Nudeln zum Tanzen bringen. Man muss ausprobieren, welche Sachen sich eignen. Was zu schwer ist, bleibt unten liegen, und was zu leicht ist, taucht gar nicht erst unter.

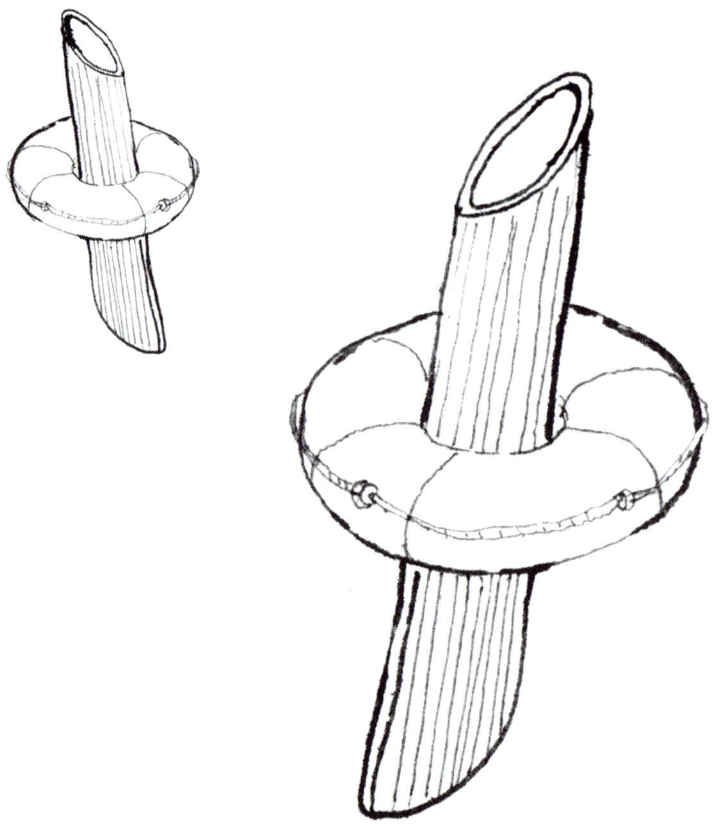

Wer genau hinschaut, sieht, dass an den Rosinen kleine Blasen haften. Sie wirken wie Schwimmflügel und lassen die Rosinen nach oben steigen. An der Oberfläche lösen sich einige Blasen ab. Dadurch werden die Rosinen schwerer. Sie sinken bis sich genug neue Blasen gebildet haben und sie wieder aufsteigen. Das geht so lange, wie noch Kohlensäure im Wasser ist. Die sorgt nämlich für die Bläschen und den prickelnden Geschmack. Mit frischem Sprudel können wir die Tänzer wieder auf Trab bringen.

Was passiert, wenn
- wir eine Brausetablette ins Wasser geben?
- wir warmes Wasser nehmen?

Beispiel Magnetisches Theater

Wir brauchen

- eine flache Pappschachtel, eventuell eine Frischkäseschachtel und einen Bilderrahmen
- Nähgarn
- Zahnstocher
- Schaschlikspieße
- Teppichklebeband
- Büroklammern
- Draht und andere kleine Sachen aus Eisen
- flache Magnete aus Schnäppern für Küchenschränke (gibt es im Baumarkt; sie lassen sich leicht aus der Halterung lösen)

Es sieht wirklich aus wie Zauberei. Scheinbar schwerelos tanzen Büroklammern, Reißzwecken, Drahtstücke und Sicherheitsnadeln in dem kleinen Schaukasten wie gasgefüllte Luftballons an der Schnur.

Oben in den Schaukasten kleben wir kleine Magnete, sodass man sie möglichst nicht sieht. Ihre Anziehungskraft hält die Gegenstände in der Schwebe. Das funktioniert natürlich nur mit Dingen, die aus Eisen sind oder zumindest Eisen enthalten.

Der Schaukasten ist eine flache Schachtel, in die wir ein Fenster schneiden (wie auf dem Bild). Durch den unteren Fensterrand werden zwei oder drei Zahnstocher gepikt. Daran befestigen wir die Haltefäden (mit Knoten und Klebstoff). An die Enden der Fäden kommt, was schweben soll.
Wenn wir nun an den Zahnstochern drehen, können wir die Fäden so weit spannen, dass sich die Dinge vom Magneten lösen und frei schweben können.

Statt einer Pappschachtel eignet sich als Schaukasten auch eine Frischkäseschachtel aus Plastik. Statt der Zahnstocher braucht man dann aber die längeren Schaschlikspieße. Sie werden quer durch die Ränder gesteckt (mit einem Nagel vorbohren).

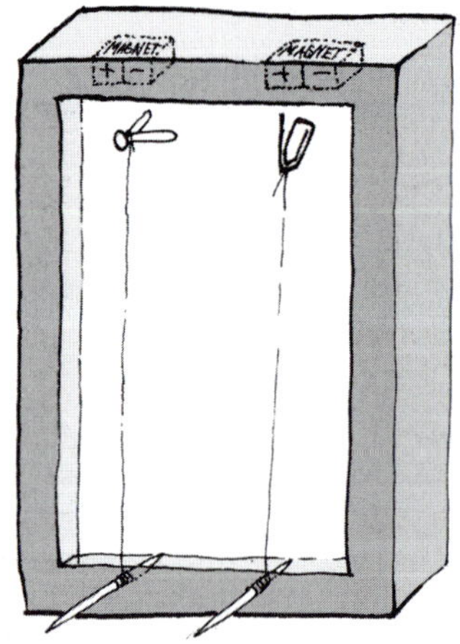

Besonders eindrucksvoll ist es, wenn wir einen Tischtennisball schweben lassen. Dann brauchen wir allerdings zwei Magnete. Ein kleiner kommt in den Tischtennisball, einen großen befestigen wir oben am Rand eines Bilderrahmens (ohne Glas!)

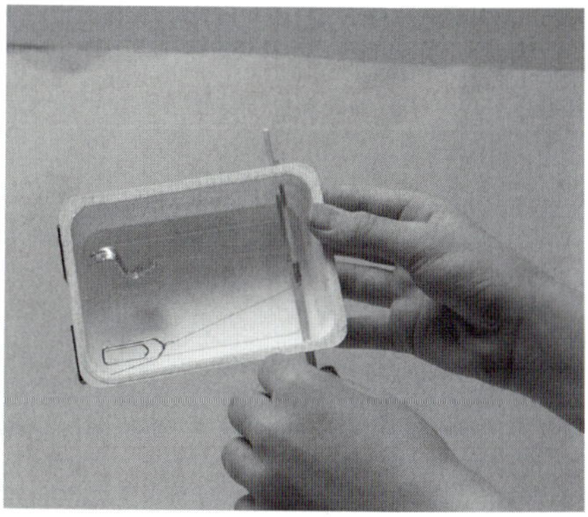

BEISPIEL Seifenblasenkunst

Wir brauchen
- verschiedene Schüsseln
- Gartendraht aus dem Baumarkt (2 mm)
- dünne Bambusstäbe oder Holzspieße
- Korken

selbst gemachte Seifenlauge
- 2 l Wasser
- 100 g Zucker
- 5 g Tapetenkleister
- 150 ml Neutralseife

Für die Seifenlauge Wasser in einen Eimer geben. Den Zucker in 0,5 l heißem Wasser auflösen und in den Eimer gießen. Tapetenkleister mit 0,5 l Wasser anrühren, Neutralseife dazugeben, umrühren und in den Eimer gießen. 12 Stunden stehen lassen, nochmals umrühren.

Aus Seifenblasenhaut können wir vielerlei zaubern.
Etwa bunt schillernde Schmetterlingsflügel, hauchdünne Blütenblätter, durchsichtige Wände und Dächer für Drahthäuser und geometrische Figuren.

Auf der Zeichnung ist zu sehen, wie man aus Draht und einem Stück Trinkhalm einen Schmetterling zurechtbiegt. Die Form und die Größe der Flügel kann jeder selbst bestimmen. Wir müssen ihn nur ganz und gar in einen Topf mit Seifenlauge eintauchen können, sonst bleiben die Flügel leer.

Die Blütenblätter formen wir einzeln aus Draht. Ihre Enden piken wir in eine Korkscheibe, die auf einem Holzspieß steckt. Man kann jede erdenkliche Form aus Draht biegen und die Enden dann in einen Bambusstab stecken.

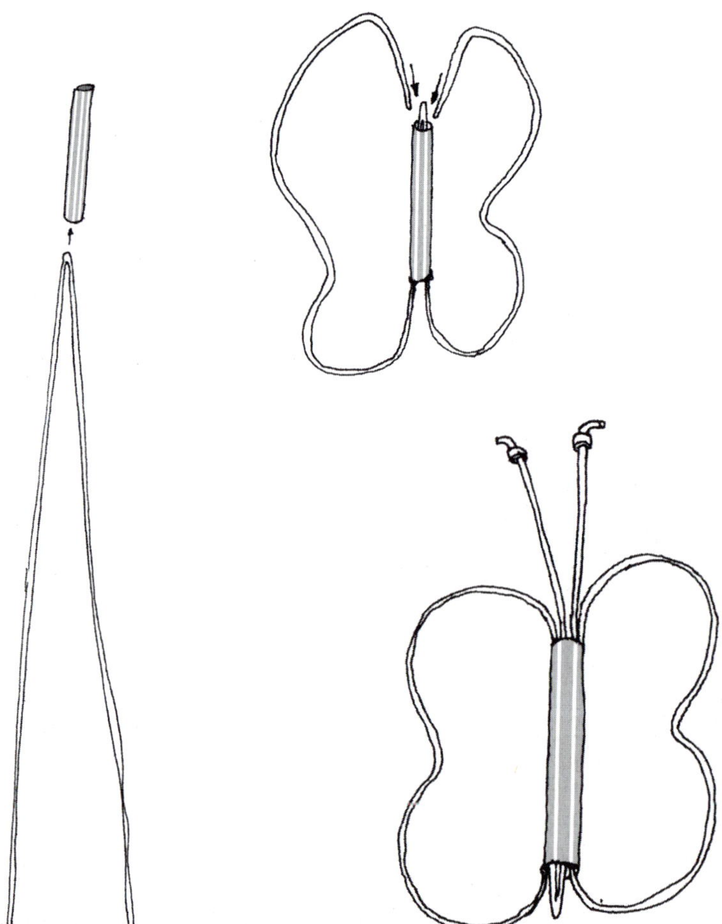

Auch Blütenblätter können wir aus Draht formen. Die Enden piken wir in eine Korkscheibe, die auf einem dünnen Holzspieß oder Bambussstab steckt.
So können wir jede erdenkliche Form aus Draht biegen, die in unserem Eimer mit der Seifenlauge passt.

Jeder kennt die schillernden Seifenblasen, die entstehen, wenn man Seifenlauge durch einen Ring pustet. Was passiert nun wenn die Puste-Öse nicht rund ist, sondern herzförmig oder quadratisch? Gibt es rechteckige Seifenblasen? Mit unseren selbst gebogenen Drahtschlingen finden wir schnell heraus, dass alle Seifenblasen bestrebt sind, eine kugelrunde Gestalt anzunehmen. Nur der Wind oder ein Luftzug kann sie daran hindern.

Genauso spannend, wie es ist, den schwebenden Blasen hinterherzuschauen, ist es, die Eigenheiten von Seifenblasenhäuten zu ergründen. Dazu formen wir verschiedene Gebilde aus Draht und Holzspießen und tauchen sie in die Seifenlauge. Hier nur ein paar Anregungen.

Seifenhäute sind sehr sparsam. Sie finden immer die kleinste Fläche, die sich in einer geschlossenen Form bilden kann. Das Ergebnis ist mitunter sehr überraschend. Bei einem Drahtwürfel etwa sind es keineswegs die Außenflächen, wie man vermutet, sondern es entsteht eine faszinierende Form aus sechs Pyramiden, die sich in der Mitte treffen.

Beispiel Spiegel im Spiegel

Wir brauchen
- Spiegelfliesen aus dem Baumarkt 15 cm x 15 cm
- breites, stabiles Klebeband
- doppelseitiges Klebeband
- kräftige Pappstreifen 15 cm x 30 cm
- eine Schachtel etwa 15 cm x 10 cm x 4 cm

Die folgenden Experimente mit Spiegeln geben Kindern einen faszinierenden Einblick in die Unendlichkeit und bieten zahlreiche Anlässe zum Staunen und Spekulieren.

Unheimliche Vermehrung

Zwei Spiegelfliesen werden mit Klebeband so verbunden, wie es auf dem Bild zu sehen ist. Nun klappt man sie – etwa im rechten Winkel – auseinander und stellt eine Spielfigur dazwischen. Was passiert, wenn man den Winkel vergrößert oder verkleinert? Auf unheimliche Weise wächst die Zahl der gespiegelten Figuren bis ins schier Unendliche, während man die Spiegel immer weiter zusammenklappt. Noch dramatischer ist der Eindruck, wenn die Spiegel auf einen großen Spiegel gestellt werden.

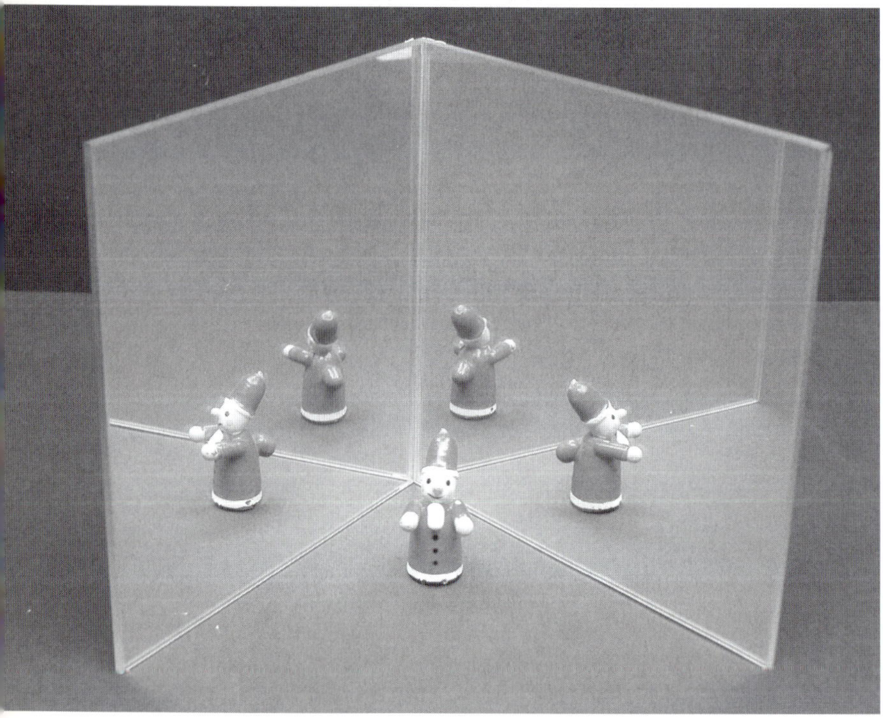

Von einer Spiegelfliese wird in der Mitte der Rückseite etwas von der Beschichtung weggekratzt, sodass ein Fenster von etwa 1 cm Durchmesser entsteht.

Diese und eine weitere Fliese werden mit Teppichklebeband so auf Pappstreifen aufgeklebt, wie es auf der Zeichnung zu sehen ist. Da, wo sich das Fenster befindet, muss in die Pappe eine Aussparung geschnitten werden.

Ein Guckloch mitten im Spiegel.

Zum Schluss werden die Pappstreifen mit den Spiegeln mit Teppichklebeband so an der Schachtel befestigt, dass sie sich gegenüberstehen. Das ganze Gebilde sollte jetzt so aussehen wie ein »H«.
Blickt man durch die Aussparung, sieht man eine Reihe von immer kleineren Spiegeln, die sich in der Unendlichkeit verlieren. Eine Hand oder eine Figur, zwischen die Spiegel gehalten, wird in gerader Reihe endlos vervielfacht.

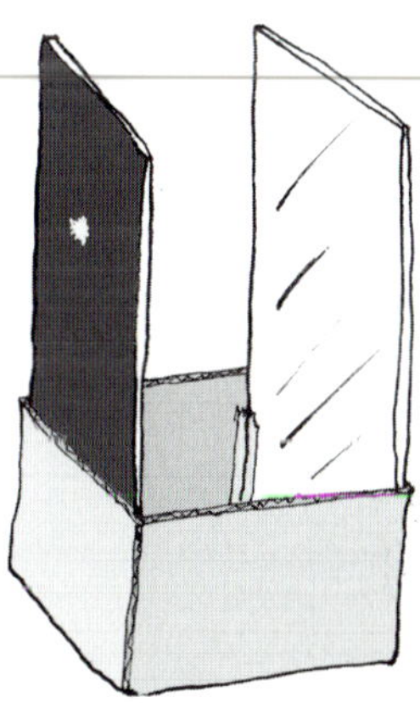

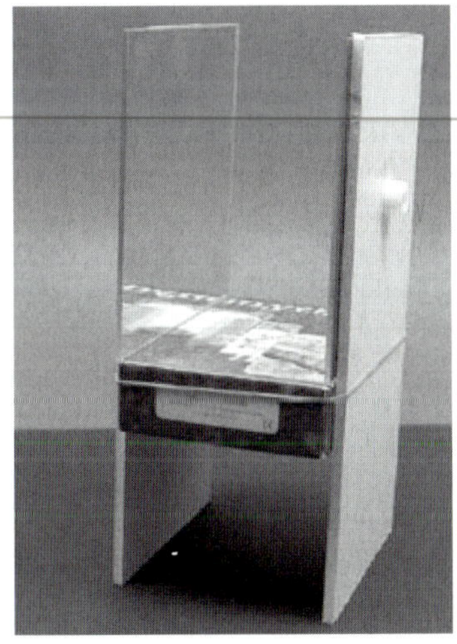

Den Stand der Spiegel kann man korrigieren und verändern, indem man die Ständer (die Beine des »H«) unten ein wenig auseinander zieht oder zusammenschiebt. Wenn die Spiegel nicht genau parallel sind, ergibt sich eine interessante gekrümmte Bilderreihe.

Ist mein Spiegelbild wirklich Linkshänder?

Spiegel haben allzeit etwas Faszinierendes, mitunter sogar Magisches. Kein Wunder, dass sie in vielen Mythen und Märchen eine bedeutungsvolle und nicht immer heilsbringende Rolle spielen: »Spieglein, Spieglein an der Wand …«, so befragt Schneewittchens Stiefmutter ihren magischen Helfer. Und ein zerbrochener Spiegel, so weiß es der Aberglaube, kündet von sieben Jahren Unglück.

Verwirrend sind Spiegel aber nicht erst im Spiegelkabinett. Schon im Alltag geben sie uns Rätsel auf. Wie kommt es, dass mein Spiegelbild Linkshänder ist? Warum vertauscht der Spiegel die Seiten aber nicht oben und unten? Wie kann es sein, dass zwei Betrachter in ein und demselben Spiegel verschiedene Bilder sehen?

Dass ein Spiegel rechts und links vertauscht, nicht aber oben und unten, hat weniger mit seinen physikalischen Eigenschaften zu tun als mit unserer Begrifflichkeit. Rechts und links sind subjektive, körperbezogene Begriffe. Wenn wir uns drehen, drehen sich rechts und links mit. Oben und unten dagegen sind raumbezogen. Sie bleiben, wo sie sind, auch wenn wir uns auf den Kopf stellen. Wenn wir statt rechts und links raumbezogene Begriffe wie Türseite und Fensterseite verwenden, hat die Verwirrung sofort ein Ende. Mit und ohne Spiegel bleibt die Tür immer auf derselben Seite.

BEISPIEL Büroklammer macht Freischwimmer

Wir brauchen
- eine Schale mit Wasser
- Nadeln
- Büroklammern
- Draht
- Reißzwecken
- Münzen
- Knöpfe

Jedermann weiß, dass Sachen aus Holz, Kork, Styropor oder anderen leichten Materialien auf dem Wasser schwimmen. Schwere Dinge dagegen, etwa aus Metall, versinken. Mit etwas Geschick und einer ruhigen Hand können wir aber einige Sachen schwimmen lassen, die normalerweise untergehen.

Der Trick gelingt nur, wenn wir die Dinge ganz behutsam auf die Wasseroberfläche legen. Am besten nimmst du dabei eine aufgebogene Büroklammer zu Hilfe. Auf den waagerechten Bügel legen wir das, was schwimmen soll, und lassen es am senkrechten Bügel zu Wasser. Dann können wir die Büroklammer nach unten wegziehen.

Mit einem Magneten können wir die ungewöhnlichen Schwimmer auch noch auf geheimnisvolle Weise lenken, wenn wir den Magneten an einem Faden dicht über der Wasseroberfläche pendeln lassen.

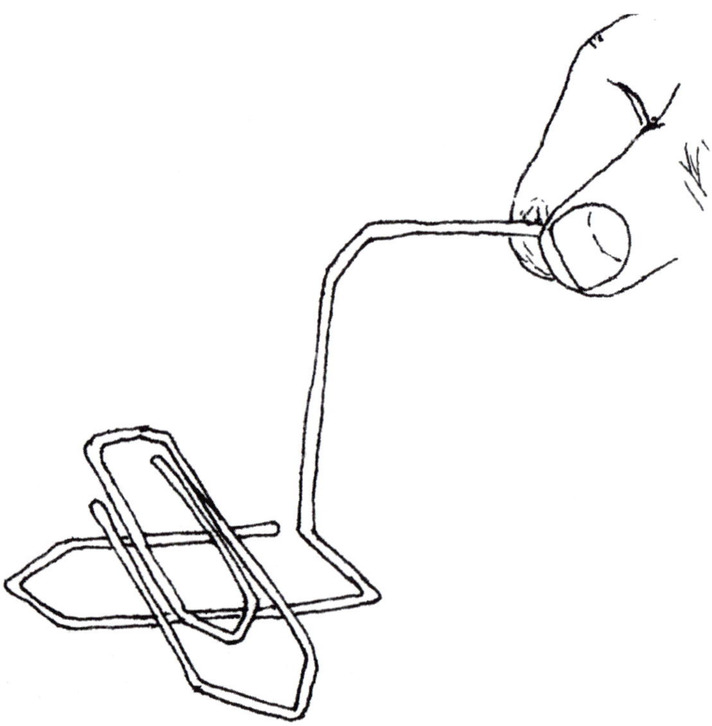

Es sieht aus wie Zauberei, wenn Nadeln, Büroklammern, Drahtspiralen auf dem Wasser schwimmen, als seien sie aus Holz. Getragen werden sie von einer unsichbaren Haut, die Wasser an seiner Oberfläche bildet. Physiker nennen dieses Phänomen Oberflächenspannung. Sie sorgt unter anderem dafür, dass sich verteiltes Wasser zu Tröpfchen zusammenzieht, wie wir es gut an einer nassen Glasscheibe beobachten können. Ein Spülmittel zerstört die Oberflächenspannung. Deshalb müssen wir bei unseren Schwimmexperimenten gut aufpassen, dass kein Spülmittel in die Schale gerät.

6) Wir erfinden und verbessern

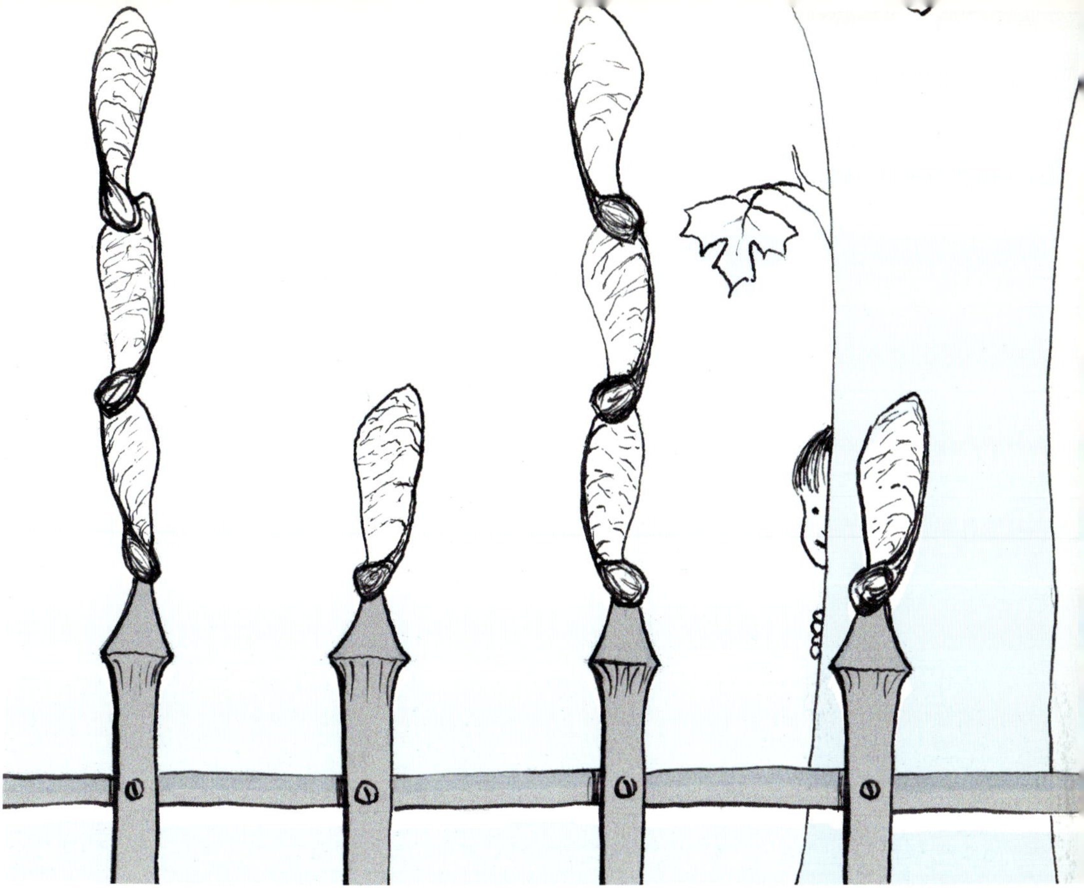

» Wieso bleibt das Auto immer stehen? Wo steckt der Fehler? Chris meint, wir haben es nicht genug aufgezogen. Daniel sagt, wir brauchen noch eine von diesen Unterlegscheiben. Ah, jetzt rollt es besser. Aber es will nicht geradeaus fahren. Wir werden schon noch dahinter kommen.

Das unterste Stockwerk steht schon fast. Es ist ein bisschen schief und wackelig. Wir brauchen bestimmt noch mehr Stützbalken. Anja und Maria haben schon mit dem Dach angefangen. Felix sagt, so hält das nie. Wir kleben das Haus einfach am Fußboden fest. Maja sagt, das gilt nicht, man muss das Haus auch mal woanders hinstellen können. Die anderen sind schon beim zweiten Stockwerk. Das kriegen wir auch noch hin.

Ich bin gespannt, was die Leute sagen, wenn sie unser Kunstwerk sehen. Wir haben uns gut versteckt und können sie belauschen. Manchen fallen unsere geheimnisvollen Zeichen überhaupt nicht auf. Jetzt sind zwei stehen geblieben. Haben das Erwachsene gemacht oder Kinder, fragt die Frau. Ob unsere Kunstwerke morgen auch noch stehen? Wir können ja noch neue machen, ich hab schon eine Idee. «

Eine Erfindung ist selten das Ergebnis eines Geistesblitzes oder eines genialen Einfalls. Hinter den meisten Erfindungen steckt ungeheuer viel Arbeit. Kreativität ist zu 90 Prozent Transpiration und zu 10 Prozent Inspiration. Man sieht es dem Ergebnis nicht gleich an, denn die meisten genialen Dinge sind einfach. Man fragt sich höchstens – voller Neid oder Bewunderung – : ...Warum bin ich eigentlich nicht darauf gekommen? Was macht es so schwer, die einfachen Lösungen zu finden? Meist sind wir es selbst. Wir stehen uns selbst im Wege. Es sind unsere vertrauten Denkmuster und Denkgewohnheiten, die uns hindern, neue Wege einzuschlagen.

Was hat die Ägypter daran gehindert, Flugzeuge zu bauen?

Von den alten Ägyptern sagt man, sie seien technisch und handwerklich in der Lage gewesen, Flugmaschinen zu bauen. Warum haben sie es nicht versucht? Weil sich damals kein Ägypter vorstellen konnte, dass ein Mensch je in der Lage sein könnte zu fliegen. Zum Erfinden gehört also eine gewisse unbefangene Vorstellungskraft – ein Talent, das Kindern eher zu Eigen ist als Erwachsenen. Kinder können leichter ihrer Fantasie Raum geben, zumindest solange sie noch nicht durch Erfahrung und Konventionen zurechtgestutzt ist.

Zum Erfinden gehören aber auch Ausdauer und Beharrlichkeit. Ein Erfinder gibt nicht auf. Thomas Alva Edison hatte einen Traum. Er wollte eine elektrische Lampe konstruieren. Als der erste Versuch fehlgeschlagen war, versuchte er es ein zweites Mal. Auch dieser zweite Versuch schlug fehl. Aber Edison gab nicht auf und versuchte es ein drittes Mal. Dann ein viertes Mal, ein fünftes Mal, ein sechstes Mal. Nach hundert Versuchen hatte er noch immer keinen Erfolg, nach zweihundert auch nicht, und auch der dreihundertste Versuch war ein Fehlschlag. Desgleichen der fünfhundertste, der tausendste, der fünftausendste und der zehntausendste. Erst nach über zehntausend Versuchen erfüllte sich sein Traum. Die elektrische Glühlampe war zur Realität geworden.

Keiner wird von einem Kind erwarten, dass es zehntausend Versuche unternimmt, um einen funktionstüchtigen Papierflieger zu bauen. Aber ohne Rückschläge geht es gewöhnlich nicht. Das gute Gefühl, dass sich bei einem Erfolg einstellt, ist umso größer, je mehr Widerstände wir zuvor überwunden haben. Wir tun unseren Kindern also keinen Gefallen, wenn wir ihnen alle Hindernisse aus dem Weg räumen. Wir betrügen sie um ein Glücksgefühl, das – nach neueren Forschungen – wahrscheinlich weit mehr ist als das gern zitierte Erfolgserlebnis. Immer wenn es uns gelingt, eine Herausforderung zu bewältigen, werden wir dafür im Gehirn mit der Freisetzung von Endorphinen belohnt. Endorphine sind körpereigene Botenstoffe, die den Gehirnstoffwechsel in vielfältiger Weise beeinflussen. Zum einen lösen sie angenehme Gefühle aus – sie werden deshalb auch gern als Glückshormone bezeichnet, zum anderen erhöhen sie die Aufnahmebereitschaft und Leistungsfähigkeit des Gehirns. So setzt ein positiver Zirkel ein. Der Erfolg fördert die Lernbereitschaft und die Lernbereitschaft begünstigt den Erfolg. Dazu müssen Anstrengung und Erfolg im richtigen Verhältnis zueinander stehen. Eine Leistung, die ohne Anstrengung erbracht wird, begünstigt das Lernen genausowenig wie eine Anstrengung, die zu keinem Erfolg führt. So überraschend sind solche Erkenntnisse nicht, aber es ist gut, sich diesen Zusammenhang noch einmal vor Augen zu führen, wenn es um die Einrichtung einer Erfinderwerkstatt geht.

Sind die Aufgabenstellungen und Anforderungen zu leicht, verlieren die Erfinder schnell das Interesse, sind sie dagegen überfordert, schlägt das Interesse in Frustration um. Hier ist unser Geschick gefragt, ihre Aktivitäten einfühlsam zu begleiten. Die Gefahr, dass wir ihnen dabei vorschnell Lösungen anbieten und zu viel Hilfestellung geben, ist in der Regel größer als das Risiko, sie zu entmutigen. Ein Erfinder gibt nicht auf, ist das Motto. Er lässt sich nicht durch Rückschläge und Hindernisse entmutigen. Beharrlichkeit und Fantasie führen zum Erfolg.
Ein Beispiel: Wir bauen Häuser aus Zeitungspapier.

Wie Zeitungsseiten zu Häusern werden.

Zur Verfügung haben wir jede Menge Zeitungen, Malerkreppband, eine Schere und vielleicht noch ein paar Streichhölzer. Einen entscheidenden Tipp bekommen die Kinder. Unsere Häuser brauchen ein Gerüst. So wie ein Fachwerkhaus. Dieses Gerüst besteht aus einzelnen Stangen, die wir an den Enden zusammenkleben. Die Stangen wiederum rollen wir aus Zeitungspapier. Dazu breiten wir eine Zeitungsseite aus und legen in eine Ecke ein Streichholz. Um das Hölzchen herum rollen wir – so fest wie möglich – das Blatt auf. Wenn wir das ganze Blatt aufgerollt haben, kleben wir das freie Ende mit Klebstreifen fest. Unsere erste Gerüststange ist fertig. Bis zum fertigen Haus ist es allerdings noch ein langer Weg – mit einigen Hindernissen. Das Hauptproblem ist die Statik. Eine gut gerollte Stange ist zwar sehr stabil, aber sobald man mehrere Stangen zu einem Rahmen zusammenfügt, wird das Ganze kippelig. Jeder, der mal ein Billigregal ohne Rückwand zusammengebaut hat, weiß, wovon die Rede ist. Die Seitenwände schwanken hin und her, dass einem Angst und Bange wird. Erst wenn das mitgelieferte Eisenkreuz montiert ist, gibt es so viel Stabilität, dass das Regal auch frei stehen kann. Das Gleiche passiert, wenn die Erfinder versuchen, ein Rechteck aus Gerüststangen aufzustellen, aus dem einmal eine Seitenwand werden soll. Es neigt sich elastisch mal zur einen, mal zur anderen Seite.

Dem Erwachsenen, der den Kindern bei ihren Bemühungen zuschaut, juckt es jetzt in den Fingern. »Ihr müsst da noch ein Kreuz reinkleben, sonst hält das nie.« Es ist so einfach, wenn man weiß, wie es geht und so schwer, wenn man die Lösung noch nicht kennt. Gelingt es dem Erwachsenen jetzt, sich zurückzuhalten und einfach nur zuzuschauen, wird er möglicherweise mit einer Reihe von interessanten Erfahrungen belohnt. In jedem Fall wird er die Pläne und Konzepte kennen lernen, die die Kinder zu ihren Aktivitäten motivieren. Wie erklären sie sich die Instabilität? Wie kann sie behoben werden? Und wer sagt, dass die Erfinder nicht auf gänzlich neue Lösungen kommen? Oder ihre Pläne ändern?

Das ist der entscheidende Unterschied zum Basteln. Erfinden ist ein Prozess mit offenem Ausgang, beim Basteln liegt das Ergebnis meist von vornherein fest. Das Basteln fördert technische Fertigkeiten und manuelles Geschick, Erfinden ist darüber hinaus eine Herausforderung für den Geist. Manche Lösungen finden sich schneller durch Nachdenken als durch Herumprobieren. Interessanterweise geht das Erfinden mitunter recht bald in bloßes Basteln über. Dann nämlich, wenn der Erfinder seine Lösung so weit optimiert hat, dass es kaum noch etwas zu verbessern gibt. Wenn die Kinder einmal dahintergekommen sind, wie man stabile Seitenwände baut, beginnen sie mit Massenproduktion von Fertigteilen: Quadrate mit den gekreuzten Diagonalen, die sich als Boden, Wand oder Dach verwenden lassen. Das ist sehr zwar effektiv, lässt aber den Geist träge werden.

In diesem Kapitel stehen die Erfinder vor unterschiedlichen Aufgaben. Es finden sich engere Fragestellungen, bei denen es gilt, eine optimale Lösung für ein vorgegebenes Problem zu finden. »Baut ein Auto mit Aufziehmotor.« Und solche, bei denen Fantasie und Kreativität gefragt sind. »Wie nutzen wir die Energie des Windes?« »Was kann man mit ausgedienten CDs anfangen?«

Viele Köpfe, viele Ideen. Erfolgreiche Erfinder arbeiten im Team.

In der Praxis zeigt sich, dass solche Aufgaben effektiver im Team zu lösen sind. Das sollte aber Einzeltüftler nicht davon abhalten, sich den Herausforderungen zu stellen.

Beispiel | Eine Reise um die Welt

Wir brauchen
- Schere
- Pappe
- Klebstoff
- **Buntstifte**

In der Erfinderwerkstatt gestalten wir verschiedene Stationen einer Weltreise mit Hilfe von Popup-Techniken. Fantasie und Geschick sind dabei die besten Helfer.

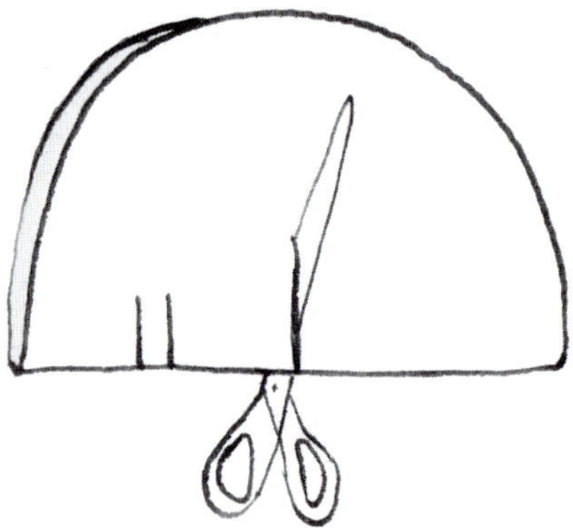

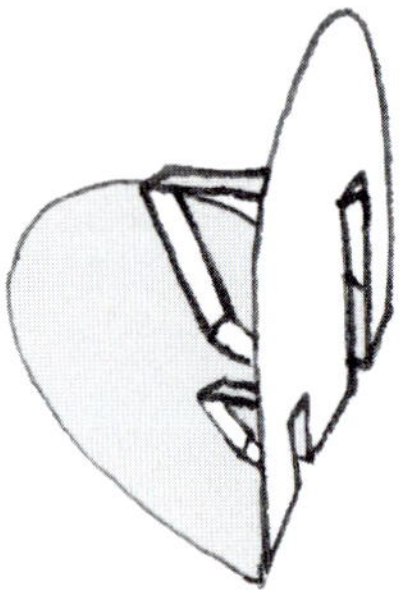

Aus festem Karton schneiden wir fünf bis acht tellergroße Kreise (Durchmesser etwa 20 cm).

Jeder dieser Kreise wird von den Kindern zu einer Station unserer Weltreise arrangiert. Wir falten den Kreis in der Mitte und klappen ihn wieder halb auf. Die senkrechte Seite wird als Hintergrund bemalt oder beklebt, die waagerechte Seite als Vordergrund gestaltet.

Dann die Kreishälften wieder zusammenklappen. Vom Falz aus schneiden wir nun verschieden lange Stege hinein und knicken sie nach vorne. So wie auf dem Bild.

Vorn an die Stege kleben wir alles, was in die Landschaft passt: Menschen, Tiere, Pflanzen, Fahrzeuge jeder Art. Wenn wir die Hälften jetzt zusammenklappen, müssten sämtliche Requisiten ganz dazwischen verschwinden und sich gleich wieder aufstellen, sobald wir die Landschaft aufklappen.

Bei der nächsten Station verfahren wir auf die gleiche Weise. Je mehr Kinder sich an der Gestaltung der Landschaften beteiligen, desto abwechslungsreicher wird die Reise.

Es empfiehlt sich, zwischen die einzelnen Landschaften je ein neutrales Blatt zu kleben, bevor die Stationen zu einer Weltkugel zusammengefügt werden, damit man nicht durch die Schlitze der Stege gucken kann.

Jetzt lässt sich die Weltkugel an jeder beliebigen Stelle aufklappen und die Reise kann beginnen.

Für ungeübte Kinder ist es hilfreich, das Popup-Prinzip erst einmal an einer einfachen Klappkarte zu erproben. Vielleicht finden die Kinder dabei selbst heraus, dass die Einschnitte zu beiden Seiten des Falzes nicht gleich lang sein müssen. Ein flacher Steg kann weit in den Vordergrund reichen und ein hoher ganz nah am Hintergrund bleiben – so wie auf dem Bild.

Auch bei diesem Projekt können Aufgabe und Hilfe den Fertigkeiten der Kinder angepasst werden.

Die Welt ist rund. Die Welt ist bunt. Die Welt hat viele Gesichter.

Das Gestalten der Landschaften entwickelt meist eine Eigendynamik, da es die Kinder herausfordert, sich immer raffiniertere Klappmechanismen auszudenken. Dabei greifen sie Ideen der anderen Erfinder auf und entwickeln sie weiter. Die Weltreise ist nicht notwendig eine Gruppenaufgabe. Auch von einem einzelnen Kind ist sie zu bewältigen. Als Arbeit in der Gruppe hat sie jedoch eine besondere Qualität. Jedes Kind trägt mit seiner individuellen Zugabe zum Gelingen des Ganzen bei.

Beispiel Wir verzaubern die Natur

Für dieses Vorhaben brauchen wir kein Material zu besorgen, keine Dinge jedenfalls, die etwas kosten oder schwer zu beschaffen sind. Alles, was wir brauchen, ist schon da. Wir müssen auch keine raffinierten Maschinen entwickeln, sondern nur den Blick öffnen für das, was um uns herum ist, und unserer Fantasie freien Lauf lassen.

Naturkunstwerke halten nicht ewig. Macht nichts. Auf unserem nächsten Spaziergang erfinden wir neue.

Aufgabe ist es, die Natur zu verzaubern. Wir gestalten ein Stück Natur mit Dingen aus der Natur: mit Blättern, Stöcken, Steinen, Blüten, Früchten, Gräsern, Sand, Tannenzapfen. Einen Platz dafür finden wir im Garten, im Park, auf dem Feld oder im Wald.

Es sollte ein Platz sein, an dem Menschen vorbeikommen, die unsere Kunst bewundern können. Unser Ehrgeiz ist es, sie zum Staunen, zum Rätseln, zum Lachen zu bringen. Wie sind die Steine dahin gekommen? Das sieht ja aus wie ein Gesicht! Wer hat das bloß gemacht? Was hat das wohl zu bedeuten? Eine Figur aus Tannenzapfen erfreut den Betrachter. Ein merkwürdiges Muster aus Steinen am Wegrand gibt ihm ein Rätsel auf.
Meist ist es besser, wenn wir keinen festen Plan haben, sondern

uns davon anregen lassen, was wir sehen und finden. Stöckchen, Steine, Blätter und Früchte. Was könnte daraus werden? Sieht der Ast nicht schon fast so aus wie eine Riesenschlange? Aus einem Ziegelstein und gelben Blättern haben Kinder einen Gartengrill gemacht mit einem Würstchen am Stock.

Naturkunstwerke nimmt man nicht mit, um sie zu Hause aufzustellen oder an die Wand zu hängen. Sie bleiben da, wo sie entstanden sind, und erfreuen Spaziergänger und Jogger. Sie halten auch nicht ewig. Wind, Regen, Witterung nehmen keine Rücksicht auf unsere Werke. Macht auch nichts. Auf unserem nächsten Spaziergang können wir ja neue erfinden.

Wir brauchen
- Einwegspritzen aus der Apotheke für 5, 10, 20 ml
- einen dünnen Schlauch, 4 mm Innendurchmesser
- Pappe
- Klebstoff
- Scheren
- Farben und Fantasie

Wir füllen eine der beiden Spritzen mit Wasser und schieben das eine Ende des Schlauches über ihre Spitze. Jetzt drücken wir vorsichtig auf den Kolben, bis sich der ganze Schlauch mit Wasser gefüllt hat. Die zweite Spritze haben wir nur halb mit Wasser gefüllt. Ihre Spitze kommt in das andere Schlauchende. Wenn wir jetzt den Kolben einer Spritze hineindrücken, müsste gleichzeitig der Kolben der anderen Spritze herauskommen – und umgekehrt. Das ist schon das Grundprinzip der hydraulischen Kraftübertragung. Wenn es nicht richtig funktioniert, liegt das in der Regel daran, dass zu viel Luft in den Spritzen oder im Schlauch ist. Die Luft lässt sich leichter zusammendrücken als das Wasser und verhindert, dass die Kraft übertragen wird.

Das war der technische Teil. Jetzt ist unsere Kreativität gefragt. Wie können wir unseren Mechanismus dazu nutzen, bewegliche Teile quasi fernzusteuern? Für einen Hampelmann, einen Roboter, ein Signal für die Eisenbahn.

Hier auf den Bildern sind einige Beispiele zu sehen. Ganz mit Absicht ohne detaillierte Bauanleitung. Unsere Erfinder sollen ja schließlich selbst tüfteln.

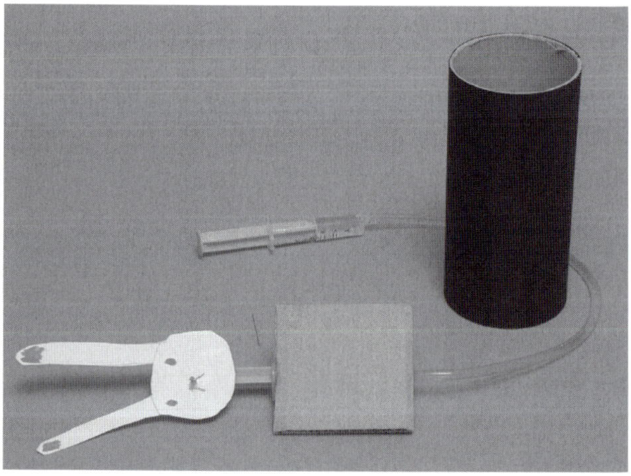

Noch ein Hinweis: Bei manchen Einwegspritzen lässt sich der Kolben nicht so leicht bewegen. Das sollte man ausprobieren, bevor der ganze Mechanismus eingebaut wird. Meist hilft es, wenn wir ein wenig Spülmittel ins Wasser geben. Eine weitere Schwierigkeit: In der Regel lassen sich die Kolben sehr viel leichter hineindrücken als herausziehen. Auch das müssen wir vorher ausprobieren. Und: Immer darauf achten, dass keine Luftblasen im System sind.

Beispiel Gummibandmotor

Ein umweltfreundliches Auto, das im Handumdrehen startklar ist.

Der Auftrag an die Erfinderwerkstatt: wir bauen Autos mit Gummibandmotor

1. Ein Auto, das sich aufziehen lässt und möglichst weit fährt.
2. Ein Auto, das zurückkommt, wenn man ihm einen Schubs gibt.

Den Gummibandmotor können wir nicht mehr erfinden, das hat schon längst jemand getan. *Er funktioniert so:* Ein Gummiband wird aufgedreht, etwa so, wie man eine Uhr aufzieht. Dann treibt es ein Rad an oder den Propeller eines Flugzeugs. Das hört sich einfach an, ist es eigentlich auch. Aber der Teufel steckt im Detail und hier haben die Erfinder noch eine Menge zu entwickeln und zu erproben.

Als Räder eignen sich besonders gut ausrangierte CDs. Die sind heutzutage ja leicht zu beschaffen. Die CDs müssen mit einer Achse verbunden werden. Am besten nimmt man dazu eine Rolle oder ein Rohr. Darin hat man auch gleich Platz für den Gummimotor.

Es ist nicht ganz einfach, auf der glatten CD eine Achse anzubringen. Damit der Kleber hält, muss man die Oberfläche aufrauen – zum Beispiel mit Sandpapier.

Das Rücklaufauto hat auch eine Art Gummibandmotor. Das Gummiband wird nicht zum Aufziehen verdreht sondern auf den Achsen aufgewickelt. Wie das funktioniert, ist auf der Zeichnung zu sehen.

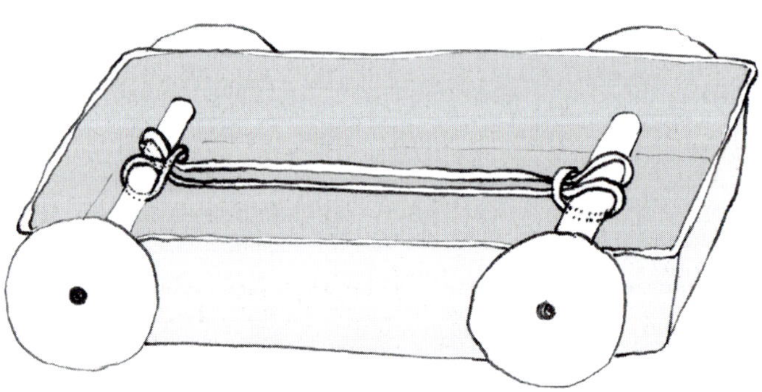

Erfinderwerkstatt Wind

Wir brauchen
- Quarkschachteln
- Getränkeflaschen aus Plastik
- Milchtüten
- Schaschlikspieße
- Zahnstocher
- Tischtennisbälle
- Klebeband
- Korken
- Bastelmesser
- Klebstoff
- Bindfaden
- eine Fahrradfelge
- Besenstiel
- Winkelblech
- ausrangierte Eisenteile
- Joghurtbecher

In dieser Erfinderwerkstatt dreht sich alles um den Wind. Unsere Ingenieure haben verschiedene Aufträge bekommen. Wir bauen Apparate, die zeigen, woher der Wind kommt und wie stark er weht. Wir lassen ihn musizieren und wir lassen ihn für uns arbeiten.

Beispiel Woher weht der Wind?

Die Aufgabe besteht darin, aus den vorhandenen Materialien einen Windrichtungsanzeiger zu bauen. Ein Windrichtungsanzeiger zeigt, woher der Wind kommt, nicht, wohin er weht. Falls gewünscht oder erforderlich dürfen die Erfinder natürlich auch andere Materialien zu Hilfe nehmen. Die Lösungen auf den Bildern sind lediglich Anregungen.

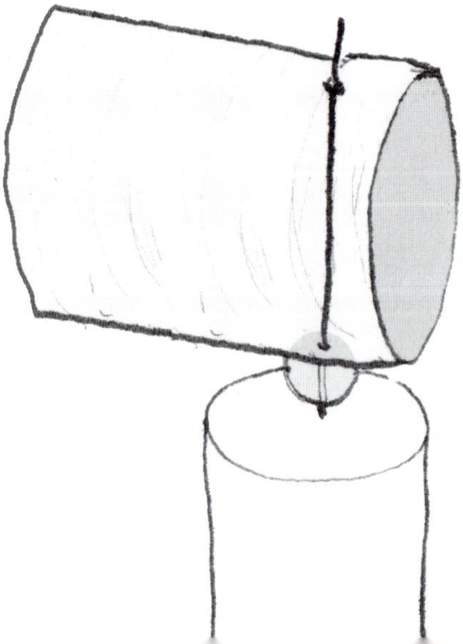

BEISPIEL Wie stark weht der Wind?

Wir bauen ein oder mehrere verschiedene Geräte, die anzeigen, wie stark der Wind weht.

Der Windstärkemesser einer Wetterstation besteht aus einem Schaufelrädchen, das sich je nach Windstärke langsam oder schnell dreht. Dabei erzeugt es Strom – wie der Dynamo einer Fahrradlampe. Die Stärke des Stromes wird auf einer Skala angezeigt. Das Schaufelrädchen dreht sich waagerecht, das hat den Vorteil, dass es keine Rolle spielt, aus welcher Richtung der Wind kommt. Eine Windmühle mit senkrechten Flügeln muss dagegen immer in Windrichtung gedreht werden, damit sie den Wind von vorn abbekommt. Ein wichtiger Hinweis an unsere Erfinder. Der Wind weht nicht nur aus einer Richtung. Der Windmesser muss so beschaffen sein, dass er Winde aus allen Richtungen messen kann.

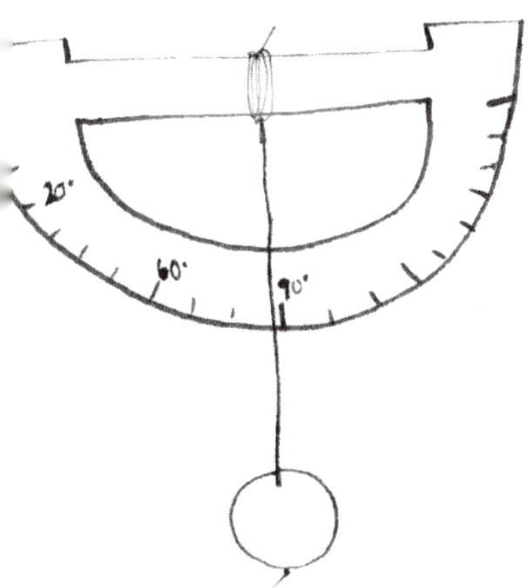

BEISPIEL Der Wind macht Musik

Wir brauchen
- Teppichklebeband
- Teppichstreifen
- transparente Folie

Die bekanntesten Windspiele bestehen aus einem Kranz, an dem verschieden lange Klangstäbe aufgehängt sind. Der Wind lässt die Stäbe aneinander schlagen oder bewegt eine Art Schwengel, wie bei einer Glocke.

Wir nehmen als Kranz eine ausgediente Fahrradfelge. Die Erfinder müssen jetzt herausfinden: Welche Gegenstände eignen sich als Klangstäbe? Wie und wo befestigen wir sie an der Fahrradfelge. Wie stellen wir unser Windspiel auf? Es ist nicht ganz einfach, eine Fahrradfelge auf einem Stock zu befestigen. Einfacher ist es, sie an drei Schnüren aufzuhängen.

BEISPIEL Der Wind wird aktiv

Wir bauen etwas, das vom Wind angetrieben wird.

Die Energie des Windes wird bekanntlich auf unterschiedliche Weise genutzt. Unser Erfinderteam hat nun eine ganz spezielle Aufgabe zu lösen. Wir sollen ein Landfahrzeug bauen, das mit Windkraft angetrieben wird. Lässt sich das mit einer Art Windrad bewerkstelligen oder eignet sich besser ein Segel?

Erfinden ist eine Herausforderung für den Geist. Wer weiß, ob es nicht noch eine bessere Lösung gibt?

Erfinden ist etwas anderes als Basteln. Die Anweisungen in diesem Beispiel sind mit Absicht sparsam gehalten. Je ausführlicher und genauer eine Anleitung ist, desto eher erweckt sie den Eindruck, es gebe keine Alternativen und man müsste alles haargenau so machen, wie es da steht.

BEISPIEL Ein Haus aus Zeitungspapier

Wir bauen ein Haus aus Zeitungspapier. Kein Puppenhaus, nein – ein Haus, das mindestens so groß ist, dass ein Kind darin sitzen kann.

Wir brauchen
- Zeitungspapier
- mehrere Rollen Malerkrepp
- Schere
- Streichhölzer

Vielleicht gibt es noch andere Lösungen, aber die aussichtsreichste scheint zu sein, zuerst ein Gerüst für unser Haus zu bauen – so wie bei einem Fachwerkhaus. Für das Gerüst brauchen wir viele Stangen aus aufgerolltem Zeitungspapier. Dazu breiten wir eine Zeitungsseite aus und legen in eine Ecke ein Streichholz. Um das Hölzchen herum rollen wir – so fest wie möglich – das Blatt auf. Wenn wir das ganze Blatt aufgerollt haben, kleben wir das Ende mit Klebstreifen fest. Die erste Gerüststange ist fertig. Je fester sie gerollt ist, desto besser. Sobald wir genug Stangen haben, können wir mit dem Rohbau beginnen.

Das Hauptproblem ist die Statik. Eine gut gerollte Stange ist zwar sehr stabil, aber sobald man mehrere Stangen zu einem Rahmen zusammenfügt, wird das Ganze kippelig. Stabilität entsteht durch eingeklebte Querstreben – so wie man einem frei stehenden Regal mit einem Metallkreuz Halt gibt. Das geometrische Grundprinzip, das dahinter steht, leuchtet Erwachsenen und älteren Kindern recht bald ein: Ein Viereck ist im Gegensatz zum Dreieck von Natur aus instabil. Wenn die Ecken nicht wirklich unbeweglich miteinander verbunden sind, können die Seiten in jede Richtung hin- und herkippen.

Das probieren wir gleich aus. Wir fädeln vier gleich lange Trinkhalmstücke auf und verknoten die Fadenenden. Wir ahnen schon, was passiert. Das Gebilde kann fast jede verschiedene Form annehmen. Verbinden wir dagegen drei Halmstücke zu einem Dreieck, stellen wir sofort fest: Es gibt nichts mehr zu Rütteln, unverrückbar halten die Seiten zusammen.

Das ist der Trick, mit dem wir die Seitenwände unserer Häuser stabil bekommen. Er heißt *Dreieck*. Am einfachsten stabilisiert man ein Viereck mit Dreiecken, indem man die gegenüberliegenden Ecken miteinander verbindet. Wo sich die diagonalen Gerüststangen kreuzen, kleben wir sie zusammen. Jetzt haben wir gleich vier Dreiecke, die den Seitenwänden Halt geben.

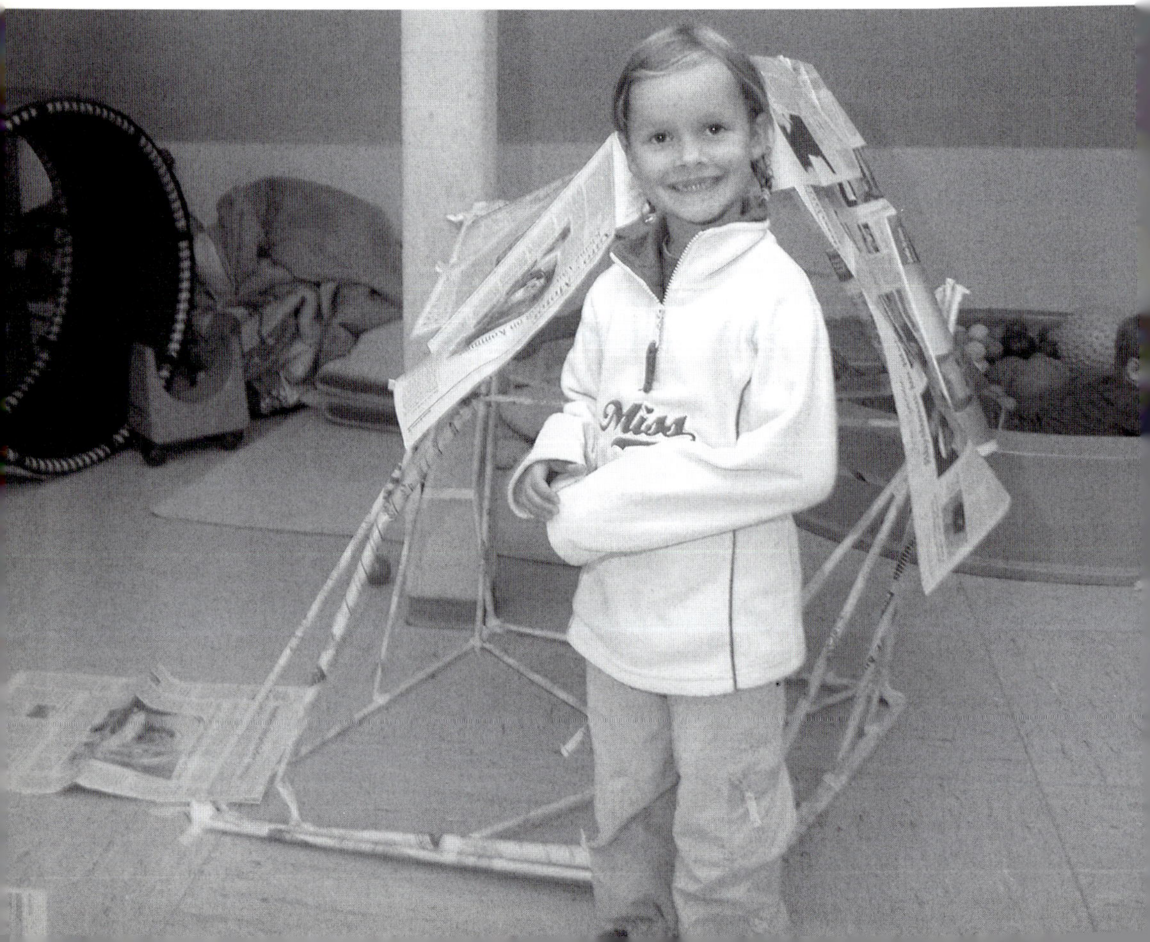

Buchempfehlungen

Janosch
»Das große Buch der Kinderreime«
Die schönsten Kinderreime aus alter und uralter Zeit aufgesammelt sowie etliche ganz neu dazuerfunden und bunt illustriert
Beltz & Gelberg

Kreusch-Jacob, Dorothée
»Finger spielen – Hände tanzen«
Das große Buch der Kinderreime und Fingerspiele
Don Bosco Medien

Brauer, Sibylle
»Morgens früh um 6, reimt die kleine Hex«
Kinderreime
Pattloch Verlag

Bestle-Köfer, Regina / Stollenwerk, Annemarie
»Sommersonne lacht uns an«
Mit Kindern die Jahreszeiten erleben
Christophorus Verlag

Carle, Eric
»Nur ein kleines Samenkorn«
Gerstenberg Verlag

Nordqvist, Sven / Larsson, Eva L. / Danielsson, Kennert
»Mit Findus durchs ganze Jahr«
Oetinger Verlag

Mein kleiner Brockhaus:
»Jahreszeiten«
Brockhaus Verlag

Riha, Susanne
»Mein erstes Buch vom ganzen Jahr«
Anette Betz Verlag

Rieper-Bastian, Marlies
»Ein Jahr mit Tim und Luzie«
Ravensburger Buchverlag

Geisler, Dagmar
»Alle meine Krabbelfinger«
Oetinger Verlag

Arndt, Marga / Singer, Waltraut
»Das ist der Daumen Knudeldick«
Über 500 Fingerspiele und Rätsel
Ravensburger Buchverlag

Wagenschein, Martin
»Kinder auf dem Wege zur Physik«
Beltz Verlag

Hoenisch, Nancy / Niggemeyer, Elisabeth
»Hallo Kinder, seid Erfinder«
Abenteuer mit dem Alltäglichen
Beltz Verlag

Holt, John
»Wie kleine Kinder schlau werden«
Selbstständiges Lernen im Alltag
Beltz Verlag

Zu guter Letzt

Mit Bedacht haben wir auf ein Vorwort zu diesem Buch verzichtet. Ein Vorwort versteht man meist erst, wenn man das Buch bereits durchgelesen hat. Da steht etwa: „Erfahrungen mit dem eigenen Körper, mit Raum, Zeit und Rhythmus bilden die Grundlagen für Fähigkeiten, wie Sprechen, Schreiben, Lesen und das Verständnis mathematischer Zusammenhänge." Dem möchte man gern zustimmen, auch wenn man sich nicht so genau vorstellen kann, wie das eigentlich funktioniert. Verständlich wird das erst am Beispiel: Was hat Schaukeln mit Schreiben zu tun? Ein Kind erfährt beim Schaukeln am eigenen Leib, was ein Wendepunkt ist. Es spürt und speichert jenen Augenblick, zwischen Aufschwung und Abschwung, in dem eine Bewegung zum Ende kommt und in eine andere übergeht. Kindern, die das nicht gespeichert haben, fällt es wahrscheinlich schwer ein »i« zu schreiben. Da wo eine Spitze sein sollte, bekommt das »i« einen Bogen. Auf und Ab sind nicht klar von einander getrennt. Ähnliches gilt für das Schreiben anderer Buchstaben.

Sicherlich haben Sie nicht erwartet, in diesem Buch endlich jene hundert Patentrezepte zu finden, die Ihr Kind garantiert klug machen. Wir haben beispielhaft Situationen und Aktivitäten gezeigt, die Kinder für ihre geistige und motorische Entwicklung brauchen und erklärt, warum es gerade diese sind. Es handelt sich nicht um spektakuläre Events, es sind eher alltägliche Anregungen für Bewegung und Spiel, aufmerksames Wahrnehmen und selbständiges Handeln. Es ist viel Vertrautes dabei, das heute in seiner Bedeutung vielfach unterschätzt wird – vielleicht weil es so altmodisch anmutet wie Schnürsenkel neben einem Klettverschluss.

Zum Gelingen dieses Buches haben viele Menschen beigetragen. Für die kompetente Betreuung danken wir dem Beltz Verlag, für die Gestaltung Claudia Marxen und Nina Ahne der Agentur [grafyx] visuelle kommunikation in Hamburg.

Ich – *Gerswintha Kirstein* – möchte mich noch besonders bei Peter Lemke bedanken. Er hat mir viele mathematische Zusammenhänge verständlich gemacht, die ich unmittelbar mit meinem Schwerpunkt Wahrnehmungsförderung verbinden konnte. Danken möchte ich auch Regina Bohsack-Jones, ohne die ich die Arbeit an diesem Buch wahrscheinlich nie begonnen hätte.

Mein – *Hermann Krekeler* – Dank gilt vor allem Anne Wendt und Antje Behr-Rath für ihre zahlreichen Anregungen aus der Praxis und viele gewinnbringende Gespräche. Danken möchte ich auch John Holt, der mit seinen Büchern meinen Blick auf Kinder und ihre Lernwege entscheidend beeinflusst hat.